I

Béisbol, sus Reglas Comentadas

Primera Edición.

Por: Broderick Zerpa

Diseño: Alea, Corp
           786-306.0285

Portada: "Y te vas…"
           Por: Adrián Bracho
           Bracho325@hotmail.com

ISBN: ISBN 10: 1477552308
           ISBN 13: 9781477552308

Doral Fl. USA 33178

"El beisbol es imperfecto, debemos jugar con la imperfección, no permitiremos que ningún aparato cambie el beisbol"

Bud Selig

Agradecimientos

A Mi madre Glayds

A Mi abuela Luisa

A mi padre Julito

A Tony Menéndez

A Lester Avilés

A Carlos Mena

A Tito Rondón

A Miguel Villarroel

A Manolo Alvarez

A Armando Fernández Lima

A IBAF

A Edwin Zerpa

A Mauro Wojcikiewicz

A Ramón Corro

A los medios de comunicación que apoyaron este proyecto

A Terra.com

A Cecilia Espinosa

A La Tribuna de la Derecha del Stadium Universitario de Caracas

Dedicatoria

A Kathiuzka,
mi mayor y mejor fuente de inspiración.

VIII

Índice

Prólogo   **XI**

Introducción   **XV**

Contenido

Prólogo

En un partido reciente de Grandes Ligas, jugado en el área de Tampa, se dio un elevado al cuadro con corredores en primera y segunda. Los umpires levantaron el brazo; el batazo era alto y se le perdió la pelota al que había decidido atraparla.

Cuando los corredores vieron a la esférica dar saltos en la tierra, decidieron arriesgarse y partieron hacia la siguiente base. Un jugador de cuadro tomó la pelota y la tiró a la antesala, donde llegó antes que el corredor.

El tercera base, de Grandes Ligas les recordamos, tomó la pelota, pisó la almohadilla, y buscó al otro corredor para también, según él, ponerlo fuera.
Por supuesto que el umpire cantó "safe" en tercera.

Qué pasó? Pues que al antesalista se le había olvidado, o quizás nunca la supo, la regla del "infield fly" (ver 2.00, 6.05 e y la nota acompañando a la 7.08 f). Tenía que haber "jugado" al corredor.

Esta anécdota nos la refiere don Carlos Mena, acucioso jefe de umpires de la Liga Nica de Miami, para hacernos notar que hasta en las Mayores "se cuecen habas".

Ya no se diga en otros circuitos, que aunque menos ambiciosos en sus alcances, desean jugar bajo las mismas reglas que usa todo el resto del mundo, y donde vemos las discusiones más estrafalarias por falta de conocimientos: "yo jugué pelota de la brava y esa regla no existe". "Sí existe, es la 4.03 a". "Bueno, sí existe, pero no se aplica!"…
Sucedió, se los aseguro.

Y no mencionemos en lugares alejados de la civilización. Esto me pasó a mí: "Señor juez, eso no es strike". "Qué más querés, si el lanzamiento dio en el medio del home!"...

Bueno, parece más que obvio que hay un gran desconocimiento de las reglas entre los que juegan béisbol, y a todos los niveles. Hay una necesidad de que se aprenda el reglamento. Para lo cual hay que entenderlo.

Este vacío es el que con esta obra quiere llenar Broderick Zerpa.

Si el apellido les suena conocido, es porque lo es, en el mundillo de la pelota. Su tío Edwin es el presidente de la Federación de Béisbol de Venezuela; su tío Edgardo fue presidente del equipo INOS AA, el más exitoso club amateur en la historia del hermano país sudamericano.

Broderick nació en Caracas, el 2 de octubre de 1967, hijo de Julio Zerpa y de Gladys, "que es una santa por haberme traído al mundo, aunque mi abuela Luisa es la responsable de lo mal que me porto, pues ella me crió", asegura nuestro héroe.

Su padre fue un gran lanzador amateur; tiró tres no hitters es tres categorías diferentes del beis amateur venezolano y asistió a cinco Juegos Nacionales en representación del estado de Sucre.

Con esos antecedentes no es de extrañar que el niño Broderick creciera prácticamente entre las líneas de cal; si lo hubieran inventado a tiempo su mamadera hubiese contenido Gatorade...

Broderick recuerda que sus conocimientos dieron inicio en la tribuna de la derecha del parque de la Ciudad Universitaria de Caracas, lugar en el cual tuvo la oportunidad de escuchar y recibir los consejos de figuras como Manuel "Cocaína" García (ya bastante anciano pero por lo tal profundo conocedor de la pelota), Luis "Mono" Zouluaga, Pompeyo Davalillo, Miguel Sanabria, Berardo Filardi, Alvaro Alvarez, Adelmo Fernández y su muy recordado Elio Chacón, que le decía cariñosamente "el mejor segunda base del mundo".

Por supuesto que Broderick jugó, como amateur en varias ligas, donde se dio cuenta un buen día, a como nos ha tocado realizarlo al 99.999% de nosotros (menos a Andrés Galarraga, Miguel Cabrera, Johan Santana y algunos otros), que no era material de Grandes Ligas.

Así que se ha dedicado a hablar y escribir sobre la pelota, que no solamente con el bate y la manopla se hace béisbol.

Lleva cinco años a la cabeza de Las Grandes Ligas.com, la sección de béisbol de Terra.com y escribiendo para Cantv.net, escribe para una decena de periódicos y revistas en toda América, ha dirigido La Casa de la Pelota en Miami, colaboró con Ahí Viene la Bola, la Voz del Fanático y Esperando la Pelota y ha cubierto varias Series Mundiales y Juegos de Estrellas.

La necesidad de aprender las reglas del béisbol existe para la mayoría de nosotros, incluyendo a algún antesalista de Grandes Ligas, y la necesidad de repasar existe para otros, como Carlos Mena.

Afortunadamente también existe la persona idónea para paliar esta necesidad. Adelante Broderick, y gracias por tu esfuerzo.

Tito Rondón

***Tito Rondón fue narrador de Los Dodgers de los Angeles
es columnista de La Prensa de Nicaragua
y es conductor del programa Béisbol Total en el circuito MX***

Introducción

Este trabajo no pretende bajo ningún concepto ser un tratado sobre las reglas del béisbol, por el contrario es un libro simple que solamente busca el tratar de acercar a las ligas, jugadores y técnicos, pero sobre todas las cosas a los niños a este hermoso deporte, para ayudarlos en su conocimiento básico de las reglas y su interpretación, que como interpretación es muy mía y no necesariamente se asemeje a la verdad.

Parafraseando a mi abuelo, Don Julio Zerpa, en su soneto prólogo:

Si me lees, super lector,
no podrás decir después
que este libro estafa es
a tu gusto superior
por omisión del autor,
pues mi mensaje es conciso,
claro, elocuente preciso,
porque el error no cometas
de leer malos poetas
por falta de previo aviso

Pretendo darle aviso a los que, con mucho conocimiento sobre esta materia, pretendan incluir este libro en su biblioteca. Quiero evitar decepciones, pues la dirección de este libro es totalmente contraria a la de la erudición.

Por otra parte considero que este puede ser un trabajo muy útil a quienes llegan a adquirir este libro, con la finalidad de comprender algunas complicaciones de las reglas sobre la base de algunos ejemplos y mi consideración de cada parte del béisbol, simple como eso, sin más de que hablar.

El beisbol es uno de los deportes más hermosos, por la gran cantidad de detalles que posee y por la técnica que se requiere para poder jugarlo y hasta entenderlo. Decía mi esposa con mucha sabiduría "es que este deporte no se puede aprender sino se ha jugado desde pequeño" quizás uno de los pocos que lo ha logrado sea el Hall de la Fama, Jaime Jarrín, pero como él muy pocos.

"El deporte que no es esclavo del reloj" nos recuerda muy seguido "el maestro" Manolo Alvarez, es por ello quizás el que no nos deja perder jamás las esperanzas de triunfo y de una forma subliminal nos enseña que en la vida hay siempre la posibilidad de que podamos revertir lo que está en contra, tal como dijese Yogi Berra "esto o se termina hasta que no se acaba" eso es el beisbol.

Solamente 10 reglas regulan todas y cada una de las cosas que suceden en el juego, hasta las cosas más locas están allí codificadas, por lo que las reglas, por si mismas son un portento de organización y trabajo tesonero en ellas por más de un siglo.

Es por ello que, con mucho respeto a ustedes y a las reglas me permito someterles a su consideración mi primer libro "Las Reglas del Béisbol Comentadas"

Nota: en todo el libro coloco la palabra Beisbol como la pronunciamos en el Caribe y no Béisbol, tal y como está en el diccionario de la Real Academia de la Lengua Española, como un respeto al legado del Beisbol tal y como siempre lo fue en el pasado, sin inconvenientes de índole gramatical.

1.00 - OBJETIVOS DEL JUEGO

1.01 El beisbol es un juego entre dos equipos con nueve jugadores cada uno, bajo la dirección de un Manejador, para ser jugado en un terreno cerrado de acuerdo con estas reglas, bajo la jurisdicción de uno o más árbitros.

Comentario: la cantidad de jugadores podrá ser incrementada, según las disposiciones de la liga, incluyendo bateador designado, asignado o con cualquier otra inclusión según el reglamento de cada liga. En Las Ligas profesionales, la aplicación de la regla 6.10 permite la inclusión del bateador designado, convirtiendo en 10 y no en 9 a los jugadores permitidos de un equipo.

1.02 El objetivo de cada equipo es ganar anotando más carreras que su oponente.

1.03 El ganador del juego será aquel equipo que haya anotado, de acuerdo con estas reglas, el mayor número de carreras a la terminación de un juego reglamentario.

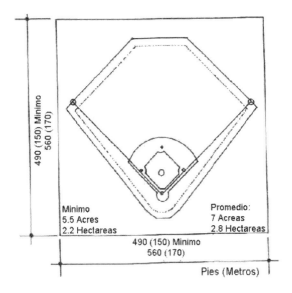

490 (150) Minimo
560 (170)

Minimo
5.5 Acres
2.2 Hectareas

Promedio:
7 Acreas
2.8 Hectareas

490 (150) Minimo
560 (170)

Pies (Metros)

1.04 EL CAMPO DE JUEGO. El campo será tratado de acuerdo con las instrucciones más abajo señaladas.

El cuadro será un cuadrado de 90 pies (27,43 m) de lado. Los jardines será el área entre las dos líneas de foul formadas por la extensión de los líneas de tercera y primera base. La distancia desde el home a la cerca más próxima, gradería u otro impedimento en territorio de fair será de 250 pies (71.68 m) o más. Una distancia de 320 pies (91,52 m) o más a lo largo de las líneas de foul y 400 pies (121.92 m) o más al jardín central es preferible. El cuadro estará nivelado de tal modo que las líneas de base y el home estén al mismo nivel. La goma del lanzador estará a 10 pulgadas (25,4 cm) sobre el nivel del home. El grado de declive desde un punto de 6 pulgadas (15,24 cm) enfrente de la goma del lanzador hasta un punto de 6 pies (1,82 m) hacia el home, será de una pulgada (2,54 cm) a 1 pie (30,48 cm), y tal grado de declive será uniforme. El cuadro y los jardines incluyendo las líneas limítrofes, son territorio de fair y toda otra área es territorio foul.

Comentario: las distancia de las líneas de foul a los impedimentos laterales serán dependiendo de las capacidades del terreno, tratando de que esta sean lo mayor posible para beneficiar el juego.

Es conveniente que la línea desde el home a través de la goma del lanzador hasta la segunda base sea en dirección Este-Nordeste.

Comentario: la mayoría de los encuentros se juegan después de la 10 de la mañana, por lo que es mas lógico colocar al bateador y al receptor viendo hacia el Este, Noreste de espaldas al sol, por ser mucho menos peligroso que los jugadores de campo pierdan la bola en el sol que un bateador o un receptor. Por supuesto que todo depende el lugar del mundo en el que se encuentre el parque de pelota.

Se recomienda que la distancia desde el home hasta el back stop, y desde las líneas de bases hasta la cerca más próxima, gradería u otro impedimento en territorio foul sea de 60 pies (18,29 m) o más.

Comentario: Donde aplique.

Cuando la posición del home sea determinada, con una cinta metálica se miden 127 pies y 3 3/8 pulgadas (38,80 m) en la dirección deseada para fijar la segunda base. Desde el home, se miden 90 pies (27,43 m) en dirección a primera base; desde segunda base se miden 90 pies (27,43 m) en dirección a primera base; la intersección de estas líneas establece la primera base. Desde el home se miden 90 pies (27,43 m) en dirección a tercera base; desde segunda base, se miden 90 pies (27,43 m) en dirección a tercera base; la intersección de estas líneas establece la tercera base. La distancia entre primera y tercera base es de 127pies y 3 3/8 pulgadas pulgadas (38,80 m). Todas las medidas desde el home serán tomadas desde el punto donde las líneas de primera y tercera base se cruzan.

Comentario: las líneas se cruzan en el punto que sería el centro del home, si el home fuera un cuadrado, la idea es crear un rombo de ángulos rectos perfecto.

El cajón del receptor, los cajones de los bateadores, los cajones de los asistentes de bases, las líneas de 3 pies (0,91 m) de primera base y el otro cajón de bateador serán marcadas con cal húmeda, yeso u otro material blanco.

La línea del césped y dimensiones indicadas son aquellas que se usan en muchos terrenos, pero no son de obligatorio cumplimiento y cada equipo determinará el tamaño y la forma de las áreas cubiertas de césped y descubiertas de su campo de juego.

Comentario: eso cambia de stadium en stadium, por ejemplo el Tropicana field de Tampa Bay, siendo un parque de Grandes Ligas en el año 1999 no tenía grama en el infield, mientras que el Metrodome de Minnesota, por ser de grama artificial esta casi totalmente cubierto de esta, solo quedan descubiertas las áreas que rodean las bases, el home plate y el la lomita del lanzador.

NOTA:

a) Cualquier campo de juego construido por un equipo profesional después de junio 1ro. de 1958 debe prepararse para que tenga una distancia mínima de 325 pies (99,06 m) desde el home hasta la cerca más próxima, gradería u otro impedimento por las líneas de foul de la derecha y de la izquierda, y una distancia mínima de 400 pies (121,92 m) hasta la cerca del jardín central.

b) Ninguno de los campos existente pueden ser reconstruido después de junio 1ro. de 1958, en tal forma como para reducir la distancia desde el home hasta las marcas finales de las líneas de foul y hasta la cerca del jardín central por debajo del mínimo especificado en el párrafo (a) más arriba mencionado.

1.05 El home estará marcado por una plancha de caucho blanco de cinco lados. Este será un cuadrado de 17 pulgadas (43,2 cm) con dos de las esquinas removidas de modo que un borde sea de 17 pulgadas (43,2 cm) de largo, dos lados adyacentes sean de 8 1/2 pulgadas (21,6 cm) y los restantes de 12 pulgadas (30,48 cm) y fijados a un ángulo que forme un punto. Estará colocado en el terreno con el punto de intersección de las líneas extendiéndose desde el home a primera base y a tercera base; con el borde de 17 pulgadas (43,2 cm) de frente a la goma del lanzador y los dos bordes de 12 pulgadas (30,48 cm) coincidiendo con las líneas de primera y tercera base. Los bordes superiores del home serán biselados y la parte inferior estará colocada debajo del nivel del terreno en proporción a la superficie del mismo.

Comentario: los bordes del home plate deben ser romos y estar más abajo del terreno, es decir deben estar enterrados hasta un punto en el que aunque sea mucho el desgaste de la tierra de sus alrededores ocurrido en el juego, este no deje un filo que puede herir a un jugador en una acción de juego.

1.06 Las bases de primera, segunda y tercera estarán marcadas por almohadillas de lona blanca, firmemente aseguradas al terreno. Las almohadillas de primera y tercera base estarán totalmente dentro del cuadro. La almohadilla de segunda base estará colocada en el centro sobre la segunda base. Las almohadillas serán un cuadrado de 15 pulgadas (38,1 cm) por cada lado y no menor de 3 pulgadas (7,35 cm), ni mayor de 5 pulgadas (12,25 cm) de grueso, y rellenas con material suave.

Comentario: las almohadillas pueden ser de diferentes materiales a la lona mientras posean la seguridad necesaria para no herir a un jugador. Muchas de ellas son de materiales sintéticos, en cualquier caso lo más importante es que estas

no posen partes cortantes y no se muevan, para evitar resbalones de los corredores.

Siempre deberán ser blancas (en algunas ligas se permite que la primera base sea doble y que esta tenga una parte de color, en estos casos la parte de color será para el corredor y la base blanca para el jugador de cuadro, es importante que cada liga haga su reglamento para el uso de la misma) y no necesariamente deberán estar fijas al terreno, solo donde esta posibilidad exista, pero debe tenerse el cuidado adecuado para que los anclajes de las bases no hieran a un jugador, en una acción de juego.

Cuando las bases no estén ancladas, y las mismas se muevan en una acción de juego, el punto donde debería estar la almohadilla será la referencia para el árbitro.

1.07 La goma del lanzador será una plancha rectangular de caucho blanco, de 24 pulgadas (60,96 cm) por 6 pulgadas (15,2 cm). Estará colocada en el terreno de manera que la distancia entre la goma del lanzador y el home (el punto posterior del home) será de 60 pies y 6 pulgadas (18,44 m).

Comentario: es importante recalcar que es el vértice posterior del home, el que se toma de base para la medida de la distancia y no la parte más cercana del mismo. También debemos señalar que es importante que la plancha de caucho esté montada sobre una base de cemento para darle la altura indicada sobre el terreno de 10 pulgadas y así mismo darle base al pie posterior del lanzador para afincase en sus lanzamientos hacia el home.

1.08 El home club proporcionará bancos para los jugadores, uno para el equipo local y otro para el equipo visitante. Tales bancos no estarán a menos de 25 pies (7,62 m) de las líneas de base. Estarán techados y serán cerrados por la parte de atrás y por los extremos.

Comentario: en los lugares en los que esto pueda aplicarse.

1.09 La pelota será una esfera formada por un hilado de estambre enrollado alrededor de un pequeño centro de corcho, goma o material similar, cubierta por dos tiras de piel de caballo blanca o piel de vaca, firmemente cosidas entre sí. No pesará menos de cinco onzas (140 grs) ni más de 5 1/4 onzas (142 grs) y no medirá menos de 9 (22,9 cm) ni más de 9 1/4 pulgadas (23,5 cm) de circunferencia.

1.10 (a) El bate será una pieza de madera lisa y redonda de no más de 2 3/4 pulgadas (7 cms.) de diámetro en su parte más gruesa y no más de 42 pulgadas (1,07 m) de largo. El bate será una pieza de madera sólida.

NOTA: Ningún bate laminado o experimental será usado en un juego profesional (ni en la temporada de campeonato o en juegos de exhibición) hasta que el fabricante haya obtenido la aprobación del Comité de Reglas de su diseño y método de fabricación.

Comentarios: Otros tipos de material pueden ser utilizados en el beisbol aficionado, como el aluminio, el grafito, etc. Para reducir los altos costos de los bates de madera, recientemente se ha descubierto al bambú como material muy resistente de fibra natural y es aceptado por la mayoría de las ligas profesionales. Cada liga impondrá los límites de la aceptación de cada material, reservándose el derecho de revisar los bates cada vez que considere necesario.

(b) Bates ahuecados. Una hendidura al final del bate hasta de 1 pulgada (2,54 cm) de profundidad es permitida y no será más ancha de 2 pulgadas (5,08 cm) y no menos de 1 pulgada (2,54 cm) de diámetro. La hendidura será curva y ninguna sustancia extraña podrá ser agregada.

(c) El mango del bate, a una distancia no mayor a 18 pulgadas (45,7 cm) desde su extremo, puede ser cubierto o protegido con cualquier material o sustancia para mejorar el agarre. Cualquiera de dicho material o sustancia, que se prolongue más allá de las 18 pulgadas de limitación dará lugar a que el bate sea retirado del juego.

NOTA: Si el árbitro descubre un bate no concuerda con el acápite (c) arriba mencionado hasta el momento, durante o después del cual el bate haya sido usado, no será motivo para declarar al bateador out, o para expulsarlo del juego.

Comentario: las acciones disciplinarias correspondientes deberán ser aplicadas por la liga o por su respectivo comité disciplinario.

(d) Ningún bate coloreado puede ser usado en un juego profesional a menos que sea aprobado por el Comité de Reglas.

1.11 (a) (1) Todos los jugadores de un equipo usarán uniformes idénticos en color, adorno y estilo y a todos los uniformes de los jugadores se le incluirá en sus espaldas números con un mínimo de 6 pulgadas (15,2 cm) (2) Cualquier parte de una camiseta expuesta a la vista será de un color firme uniforme para todos los jugadores del equipo. Cualquier jugador que no sea el lanzador puede tener números, letras, insignias pegadas a la manga de la camiseta. (3) Ningún jugador cuyo uniforme no sea semejante al de sus compañeros de equipo le será permitido participar en un juego.

Comentarios: cada jugador puede utilizar los accesorios que considere pertinentes como lentes, guantillas (guantines o guanteletas), sudaderas, chigalas (shingards), etc. Mientras sean aprobadas por la liga.
Los lanzadores no podrán utilizar ningún accesorio que pudiera ocultar sustancias extrañas, o que pudieren desviar la atención del bateador, como por ejemplo cadenas, lentes oscuros, muñequeras, etc.

(b) La liga puede estipular que: (1) Cada equipo podrá usar un uniforme característico para todas las veces, o (2) que cada equipo tenga dos juegos de uniformes, blanco para los juegos locales y de un color diferente para los juegos de visitador.

(c) (1) La extensión de las mangas puede variar según la persona de los jugadores, pero las mangas de cada jugador individualmente serán aproximadamente del mismo largo. (2) Ningún jugador podrá usar mangas desiguales, deshilachadas o cortadas a lo largo en tira o jirones.

(d) Ningún jugador podrá adherir o pegar a su uniforme "teipe" u otro material de un color diferente al de su uniforme.

(e) Ninguna parte del uniforme podrá incluir un modelo que imite o indique la forma de una pelota de beisbol.

(f) Los botones de cristal y de metal pulido no podrán utilizarse en el uniforme.

(g) Ningún jugador podrá fijar al talón o puntera de sus zapatos nada que no sea de los protectores ordinarios o punteras de metal. Los zapatos con spikes puntiagudos similares a los de golf o de atletismo, no podrán ser usados.

(h) Ninguna parte del uniforme podrá incluir parches o emblemas relativos a anuncios comerciales.

Comentario: esto es solo para las grandes ligas en casi cualquier otra liga aficionada o rentada esta permitida su utilización, normalmente una de las principales fuentes de financiamiento de las ligas aficionadas y de muchas ligas profesionales, es la utilización de material publicitario en los uniformes.

(i) Una liga puede estipular que los uniformes de sus equipos miembros incluyen los nombres de sus jugadores en sus espaldas. Cualquier otro nombre que no sea el apellido del jugador debe ser aprobado por el Presidente de la Liga. Si se adoptara, todos los uniformes para un equipo deberán tener los nombres de sus jugadores.

Comentarios: muchas veces los equipos y no la liga establecen las normas al respecto, por ejemplo, en las grandes ligas los Yankees de Nueva York decidieron, por tradición, no utilizar los apellidos de los jugadores en sus uniformes, constituyéndose en la excepción de la liga.

1.12 El receptor puede usar una mascota de cuero que no sea mayor de 38 pulgadas (96,5 cm) de circunferencia ni mayor de 15 1/2 pulgadas (39 cm) desde el extremo superior hasta la parte inferior. Dichos límites incluirán los cordones y cualquier banda o refuerzo de cuero sujeto al borde exterior de la mascota. El espacio entre la sección del pulgar y la sección de los dedos de la mascota no excederá 6 pulgadas (15,2 cm) en el extremo superior de la mascota y 4 pulgadas (10,2 cm) en el punto que divide la base del pulgar. El tejido no medirá más de 7 pulgadas (17,78 cm) a través de la parte superior o más de 6 pulgadas (15,2 cm) desde el extremo superior hasta la base del pulgar. El tejido puede ser en todo caso un cordón que se enlaza pasando a través de perforaciones en el cuero, a una pieza de cuero en el centro, la cual puede ser una extensión de la palma de la mano unida a la mascota con cordones y construida de una manera que no exceda las medidas arriba mencionadas.

Comentario: normalmente los receptores utilizan mascotas de mayor tamaño para recibir los lanzamientos de nudillos, por la dificultad de recibirlos.

1.13 El primera base puede usar un guante o mascotín de cuero que no sea mayor de 12 pulgadas (30,4 cm) de largo desde su extremo superior hasta la parte inferior y no más de 8 pulgadas (20,3 cm) de ancho a través de la palma de la mano, medidas desde el punto que divide la base del dedo pulgar hasta el borde exterior del mascotín. El espacio entre la sección del pulgar y la sección de los dedos del mascotín no excederán de cuatro pulgadas (10,2 cm) en el extremo superior del mascotín y 3 1/2 pulgadas (8,9 cm) en el punto que divide la base del pulgar. El mascotín será construido de manera que ese espacio esté permanentemente determinado y no pueda ser aumentando, extendido, ensanchado, o ahuecado por el uso de algunos materiales o cualquier proceso. El tejido del mascotín no medirá más de 5 pulgadas (12,7 cm) desde su extremo superior al punto que divide que la base del pulgar. El tejido puede ser en todo caso un cordón que se enlaza pasando a través de perforaciones en el cuero, o una pieza de cuero al centro la cual puede ser una extensión de la palma de la mano unidas al mascotín con cordones y construida de manera que no exceda las medidas mas arriba mencionadas. La obra de tejido no podrá ser construida de cordones enrollados o entrelazados o ahuecados para ser un tipo de red en forma de trampa. El guante puede ser de cualquier peso.

1.14 Cada fildeador, otro que no sea el primera base o el receptor, puede usar o llevar un guante de cuero. Las medidas del guante serán hechas por el lado donde se recibe la bola. La cinta para medir será situada en contacto con la superficie y siguiendo todos los contornos en el proceso de medición. El guante no medirá más de 12 pulgadas (30,5 cm) desde la punta de cualquiera de los cuatro dedos, a través de la cavidad donde se recibe la pelota, hasta el borde inferior del guante. El guante no medirá más de 7 3/4 pulgadas (19,7 cm) de ancho, medidas desde la costura interior de la base del primer dedo a lo largo de la base de los otros dedos hasta el borde exterior del dedo pequeño del guante. El espacio o área entre el pulgar y el primer dedo, llamado trabilla o jamo, puede ser cubierto con mella o cinchas de cuero. El tejido puede ser construido por dos capas de cuero estándar para cubrir el área completamente o puede se construido por una serie de perforaciones hechas de cuero, o una serie de paneles de cuero, o de tiras de cuero atadas. El tejido no podrá ser construido de cordones enrollados o entrelazados para hacer un tipo de red en forma de trampa. Cuando el tejido es hecho cubriendo completamente el área, este pude ser construido de manera que permitan hundimientos producidos por curvaturas den la sección de los bordes. El tejido se ajustará a la medida del área abierta. La abertura de la trabilla no podrá tener más de 4 1/2 pulgadas (11,4 cm) en su extremo superior, no más de 5 3/4 pulgadas (14,5 cm) de profundidad, y tendrá 3 1/2 pulgadas (8,9 cm) de ancho en su parte inferior. La abertura de la trabilla no podrá tener más de 4 1/2 pulgadas (11,4 cm) desde arriba hasta abajo, en cualquier punto. La unión puede hacerse con cordones de cuero, estas conexiones deberán ser seguras. Si ellas se estiran o tienden a desprenderse, serán ajustadas a sus propias condiciones. El guante puede ser de cualquier peso.

Comentario: los guantes de cada uno de los jugadores excepto el lanzador puede ser de cualquier color y tener el diseño que cualquiera de ellos desee.

1.15 (a) El guante del lanzador será de color uniforme, incluyéndose todas las costuras, cordones y tejidos. El guante del lanzador no podrá ser blanco o gris.

(b) Ningún lanzador podrá adherir o pegar a su guante cualquier material extraño de un color diferente al de su guante.

Comentario: se trata de evitar que el lanzador pueda desviar o interferir con la visión del bateador de la pelota.

1.16 Una liga profesional adoptará la siguiente regla concerniente al uso de cascos:

(a) Todos los jugadores usarán algún casco protector mientras se encuentren bateando.

(b) Todo los jugadores de las Ligas de la Asociación Nacional, deberán usar cascos con orejeras dobles mientras estén al bate.

(c) Todos los jugadores que entraron en las Ligas Mayores comenzando con la temporada del campeonato de 1983 y en cada temporada siguiente deberán usar un casco de orejera simple (o a elección del jugador, casco de orejera doble), excepto aquellos jugadores que estuvieron en las Ligas Mayores durante la temporada de 1982, y quienes, como se registró en esa temporada, objetaron usar cascos de orejeras simples.

(d) Todos los receptores usarán un casco protector para receptores, mientras se encuentren capturando en su posición.

(e) Todos los carga bates/recogedores de bolas niños o niñas usarán un casco protector mientras desempeñan sus obligaciones.

NOTA: Si el árbitro observa cualquier violación de estas reglas, el ordenará que la violación sea rectificada. Si la violación no es rectificada dentro de un tiempo razonable, a juicio de árbitro, el árbitro expulsará del juego al infractor, y una acción disciplinaria apropiada, será recomendada.

Comentario: estas normas son aplicables para las grandes ligas y deben ser seguidas en otras ligas profesionales, para el caso de ligas aficionadas los bateadores deberán utilizar un casco protector con orejera y los receptores utilizar un casco de receptor mientras esté detrás del plato, el resto de la norma se omitirá para reducir costos, pero siempre tratando de proteger a la mayor cantidad de jugadores que corran el riesgo de ser golpeados en la cabeza.

Como caso curioso y para abundar en la materia también otros jugadores de posición pueden utilizar el casco, como es el caso de John Olerud, jugador de liga mayor, que utiliza un casco para ir a cubrir la primera base.

1.17 Los implementos de los jugadores incluyendo pero no limitado a las bases, gomas del lanzador, pelotas, bates, uniformes, mascotas, mascotines, guantes de cuadro y de jardineros y cascos protectores, como se detallan en las provisiones de esta regla, no incluirán ninguna comercialización indebida del producto. Los señalamientos por el fabricante sobre cualquiera de tales equipos deberán ser sobre el buen gusto en cuanto al tamaño y satisfacción del modelo o la marca de fábrica del producto. Las provisiones de esta Sección 1.17 solamente deberán aplicarse en las ligas profesionales.

Comentario: en el año 2004, el comisionado Bud Selig intentó colocar unas imágenes de la película Spiderman II en las bases de los stadiums de grandes ligas, en una franca violación a esta regla, pero desistió de su intención.

NOTA: Los fabricantes que proyecten cambios o innovaciones en implementos de beisbol deberán someter los mismos al Comité de Reglas Oficiales de Juego antes de su producción.

Dimensiones máximas de los guantes para fildeadores (excepto receptor y primera base)

Guante:

A: 7 3/4 " (19,7 cm) (Ancho palma) B: 8 " (20,3 cm) (Ancho palma) C: 4 1/2 " (11,4 cm) (Abertura superior malla) D: 3 1/2 " (8,9 cm) (Abertura inferior malla) E: 5 3/4 " (14,5 cm) (Altura total malla) F: 5 1/2 " (14,0 cm) (Costura horquilla dedo índice) G: 5 1/2 " (14,0 cm) (Costura horquilla pulgar) H: 13 3/4 " (34,9 cm) (Costura horquilla) I: 7 3/4 " (19,7 cm) (Largo total pulgar) J: 12 " (30,48 cm) (Largo total dedo central) K: 11 3/4 " (29,8 cm) (Largo total dedo medio) L: 10 3/4 " (27,3 cm) (Largo total dedo anular) M: 9 " (22,9 cm) (Largo total dedo medio)

2.00 - DEFINICIONES DE TERMINOS

(Todas las definiciones de la regla 2.00, están por orden alfabético).

ANOTADOR OFICIAL. Véase regla No. 10.0

Una **APELACION** es el acto que hace un fieldeador de reclamar la violación de las reglas por el equipo de la ofensiva.

Comentario: esta deberá hacerse en el momento de la jugada, luego de llevarse a cabo alguna acción posterior a esta no será admitida la apelación. La más común de la apelaciones es la del swing de un bateador que pasa el home plate, que podría ser decretado strike que no es cantado, la cual la efectúa el receptor y solo el receptor a los árbitros de las líneas de foul o al principal en su defecto. También es común apelar en las pisadas de los corredores en las bases y en el tiempo de salida en las jugadas de pisar y correr.

Un **ASISTENTE** es un miembro del equipo en uniforme nombrado por el dirigente para desempeñar aquellas obligaciones que el dirigente pueda designarle como tal, pero no limitada a actuar como asistente de base.

Comentario: estos son mejor conocidos como asistentes. Por lo general en la grandes ligas, los equipos tienen asistentes de banco, bateo, lanzadores, primera base, tercera base y bullpen. Hoy en día en las grandes ligas algunos equipos han añadido la posición de asistente de adiestramiento para los jugadores y hay asistentes especiales que están en las tribunas para el scouteo de los jugadores de cuadro del propio equipo (caso de Luis Sojo en el año 2003 para los Yankees de Nueva York). El mínimo requerido para el beisbol aficionado es uno de primera base y otro de tercera base que pueden ser el manejador e incluso algún jugador.

Un **ASISTENTE DE BASE** es un miembro del equipo en uniforme que está estacionado en el cajón del asistente de primera o tercera base para dirigir al bateador y a los corredores.

Comentario: su presencia en la mayoría de las ligas es obligatoria, pudiendo su ausencia causar el out por reglamento del bateador en turno.

Un **BALK** es un acto ilegal del lanzador con un corredor o corredores en bases, que le da el derecho a todos los corredores de avanzar una base.

Comentario: en el beisbol se supone la buena fe y es un juego de caballeros, por lo que el intento de engañar a los corredores con movimientos que puedan hacerle dudar de la intención del lanzador será castigado con un balk, este conlleva a la acreditación de una bola mala para el bateador y el avance de los corredores. Mucha gente supone que el lanzador es el único que puede ser el acusante de un balk, pero el receptor, también puede ocasionarlo, si se encuentra fuera de su caja en el momento en el que el lanzador efectúa el lanzamiento, este caso se da mucho en algunas ligas, al momento de efectuar la base por bolas intencional.

Un **BANCO o DUGOUT** es el asiento reservado para los jugadores sustitutos y otros miembros del equipo en uniforme cuando ellos no están activamente ocupados en el campo de juego.

Una **BASE** es uno de los cuatro puntos que deben ser tocados por un corredor para anotar una carrera, más usualmente aplicado a las almohadillas o sacos de lona y a la placa de goma los cuales marcan los puntos de las bases.

Una **BASE POR BOLAS** es una adjudicación de la primera base concedida a un bateador que, durante su turno al bate, recibe cuatro lanzamientos fuera de la zona de strike.

Un **BATEADOR** es un jugador a la ofensiva que ocupa su posición en el cajón de bateo.

Un **BATEADOR-CORREDOR** es un término que identifica al jugador de la ofensiva que acaba de terminar su turno al bate hasta que él es puesto out o hasta que la jugada en la cual él se convirtió en corredor finaliza.

Comentario: es el hombre que en su turno está corriendo el bateador corredor puede llegar o ser puesto out en cualquier base.

La **BATERIA** es el lanzador y el receptor.

Una **BOLA** es un lanzamiento que no pasa por la zona de strike en su trayectoria por el aire y al cual el bateador no le ha tirado.

Comentario: además se cantará bola cuando el lanzador ejecute un lanzamiento ilegal, ver. Regla 8.01, cuando se haya decretado un balk o por la demora del lanzador.

Si el lanzamiento toca el terreno y de rebote pasa a través de la zona de strike es una "bola". Si dicho lanzamiento le pega al bateador, se le adjudicará la primera base. Si el bateador le tira a dicho lanzamiento después de dos strikes, la bola no puede considerarse cogida, conforme a lo que determinan las Reglas 6.05 (c) y 6.09 (b). Si el bateador conecta dicho lanzamiento, la acción posterior será la misma como si él conectara la bola en su trayectoria por el aire.

Una **BOLA DE FAIR** es una bola bateada que se queda sobre el terreno de fair entre el home y la primera o entre el home y la tercera base, o que está en o sobre el terreno fair cuando salte hacia los jardines pasando más allá de la primera o tercera base, o que toque primera, segunda o tercera base, o que primero caiga sobre el territorio fair en o más allá de primera base o tercera base, o que, mientras está en o sobre territorio fair, toque la persona de un árbitro o jugador o que, mientras está sobre territorio fair, pasa de aire hacia fuera del campo de juego.

Comentario: una bola es buena o "fair" si toca el terreno entre las líneas de foul, incluyéndolas y se mantiene en terreno bueno hasta pasar la primera o tercera almohadilla, los corredores tienen la libertad de correr las bases a su discreción.

Un fly de fair será decidido de acuerdo con la posición relativa de la bola y la línea de foul, incluyendo las líneas finales sobre la cerca, y no por el hecho de que el fildeador esté sobre territorio fair o foul en el momento que él toque la bola.

Comentario: simple lo que está en fair o en foul es la bola no el fildeador

Si una bola de fly cae dentro del cuadro entre el home y la primera base, o entre el home y la tercera base, y luego rebota hacia territorio foul sin tocar a un jugador ó árbitro y antes de que pase la primera o tercera base, es una bola de foul; o si la bola se queda sobre territorio foul o es tocada por un jugador sobre el territorio foul, es una bola de foul. Si una bola de fly cae sobre o más allá de primera o tercera base y luego rebota hacia territorio foul, es un batazo de fair.

Los equipos están incrementando la construcción de los postes de las líneas de foul en la cerca con una malla de alambre que se extiende a lo largo del poste sobre territorio fair sobre la cerca, para permitir a los árbitros una mayor precisión al decidir las bolas de fair y de foul.

Comentario: esto es en las grandes ligas, pero tanto en las mayores como en todas las otras ligas la decisión de foul o fair es de apreciación de los árbitros.

Una **BOLA DE FLY**, es una bola bateada que toma altura en su trayectoria por el aire.

Una **BOLA DE FOUL** es una bola bateada que se queda sobre territorio foul entre el home y la primera base, o entre el home y la tercera base, o que de rebote pasa por la primera o tercera base en o sobre territorio foul, o que primero cae sobre territorio foul detrás de primera o tercera base, o que mientras está en o sobre territorio foul, toca la persona de un árbitro o jugador, o cualquier objeto extraño a lo natural del terreno.

Un fly de foul será decidido de acuerdo con la posición relativa de la bola y la línea de foul, incluyendo las líneas finales sobre la cerca, y no por el hecho de que el fildeador esté sobre territorio foul o fair en el momento que él toque la bola.

Comentario: Sin tocar a un fildeador, una bola bateada da contra la goma del lanzador y rebota hacia territorio foul entre home y primera, o entre home y tercera, es una bola de foul.

Una **BOLA MUERTA** es una bola fuera de juego a causa de una suspensión temporal del juego producida legalmente.

Comentario: un ejemplo de esto es cuando la bola le pega al bateador o un tiempo concedido por los árbitros, la bola bateada de foul, entre otros.

Una **BOLA DE ROLETAZO** es una bola bateada que rueda o va dando saltos bajos sobre el terreno.

Una **BOLA VIVA** es una bola que está en juego.

Comentario: es toda bola que no puede ser descrita como muerta.

El **CAJON DEL BATEADOR** es el área dentro de la cual el bateador debe colocarse durante su turno al bate.

Comentario: la salida del bateador mientras está en su turno y sin haber pedido tiempo es una violación, aún así el árbitro debe tender a proteger al bateador que por alguna causa sale del cajón de bateo.

El **CAJON DEL RECEPTOR** es el área dentro de la cual el receptor debe colocarse hasta que el lanzador ejecute el lanzamiento de la bola.

Comentario: es una zona imaginaria detrás de home plate.

Una **CARRERA o ANOTACIÓN** es la anotación hecha por un jugador a la ofensiva que progresa de bateador a corredor y toca primera, segunda, tercera y home en ese orden.

El **CLUB** es una persona o grupo de personas responsables de reunir el personal del equipo, proporcionar el campo de juego y las facilidades requeridas, y representar al equipo en relación con la liga.

Una **COGIDA** es el acto que ejecutan un fildeador (fielder) o jugador a la defensiva, de tal manera que tome posesión segura de la pelota, en su mano o guante, mientras ésta se encuentra en vuelo durante su trayectoria, y la sostiene o mantiene firmemente, siempre y cuando para ello no utilice su gorra, protector o peto, bolsillo o cualquier parte de su uniforme para tomar posesión de ella. Sin embargo, no se considera que es una atrapada (catch) si simultánea o inmediatamente después de su contacto con la pelota, ésta colide con otro jugador, con una pared o cerca, o si el jugador se cae, y que como consecuencia de tal colisión o caída, se le caiga la pelota. Tampoco se considera como atrapada si el fildeador (fielder) toca una pelota en fly (elevado) que luego le pegue a un miembro del equipo a la ofensiva o a un árbitro y luego sea atrapada por otro jugador a la defensiva. Si el fildeador ha hecho la atrapada, el árbitro (árbitro) podría hacer su apreciación que la pelota fue atrapada. Al establecer la validez de su atrapada, el fildeador deberá mantener la pelota en su poder un tiempo suficiente para probar que ha tenido control o posesión completa de la pelota y que su acto de liberarse de la pelota ha sido voluntario o intencional.

Una atrapada es legal si la pelota es finalmente tomada por un fildeador, aun cuando ésta estuviese en el aire cierto tiempo en actividad, tipo malabarista por parte de uno o más jugadores de la defensiva, antes de que toque el suelo. Los corredores pueden salirse de sus bases desde el instante en que el primer fildeador toque la pelota. Un fildeador puede extenderse sobre una cerca, pared, baranda, mecate, cuerda o cualquier otra línea de demarcación a fin de realizar una atrapada. Podrá saltar y montarse sobre una baranda o lona que pueda encontrarse en territorio foul. No se considera como interferencia cuando un fildeador se extiende sobre una cerca, baranda, mecate o tribuna para atrapar una pelota. El lo hace a su propio riesgo.

Si un fildeador, al intentar hacer una atrapada en el borde de un dugout, es sostenido e impedido de una aparente caída por uno o varios jugadores de cualquiera de los dos equipos y logra efectuar la atrapada, se considera como válida.

Comentario: el fildeador deberá tener una parte de su cuerpo en el terreno de juego para que la atrapada sea válida, si un jugador está totalmente fuera del terreno, por ejemplo en las tribunas, no será válida la atrapada. Si un jugador pierde la bola que haya capturado, queda a la apreciación del árbitro si la retuvo el tiempo suficiente para que sea out o no.

Un **CORREDOR** es un jugador a la ofensiva que está avanzando hacia, o tocando, o retornando a cualquier base.

Un **CORREDOR SORPRENDIDO ENTRE BASES (RUNDOWM)** es el acto de la defensiva en un intento por poner out a un corredor entre bases.

DECISIÓN es una sentencia en firme dictada a juicio del árbitro.

Comentario: todas las actuaciones del árbitro son decisiones a menos que él mismo solicite una consulta con los otros árbitros. Nadie excepto el que tomó la decisión tiene la potestad de solicitar la consulta, ni siquiera el jefe de árbitros o el jefe de grupo.

La **DEFENSA O DEFENSIVA** es el equipo, o cualquier jugador del equipo, en el campo.

Un **DOBLE JUEGO** son dos juegos reglamentariamente programados o vueltos a programar, jugados inmediatamente en sucesión.

Comentario: hoy día en la Grandes Ligas puede darse el caso de que no se jueguen seguidos sino que se juegue en la mañana un encuentro y por la noche el otro (todo esto para favorecer las transmisiones televisivas). Aunque normalmente se fijará un tiempo de 20 minutos, como convención entre cada partido. Cualquier otro acuerdo diferente deberá ser aprobado por la liga.

Un **DOUBLE PLAY** es una jugada realizada por la defensa en la cual dos jugadores de la ofensiva son puestos out como resultado de una acción continuada, siempre que no haya error entre los dos outs realizados.

(a) Un doble play forzado es aquél en el cual ambos outs realizados son jugadas forzadas.

(b) Un doble play forzado a la inversa es aquél en el cual el primer out es una jugada forzada y el segundo out se realiza sobre un corredor para quien la jugada forzada está eliminada en razón del primer out.

Comentario: más bien una aclaración, por ejemplo con hombre en primera base, si un bateador conecta un rodado por la primera base y el inicialista opta por pisar primero, efectúa este out de manera forzada y luego tira a segunda el corredor que va a esta base debe ser tocado para ser out, puesto que la jugada forzada se elimina cuando el bateador corredor es puesto out en primera. Otro ejemplo: bases llenas sin outs; el bateador roletea por tercera base y el antesalista pisa la almohadilla (un out) y después le tira al receptor para que realice el segundo out. (En esta jugada hay que tocar al corredor).

DUGOUT (Ver la definición de **BANCO**)

Una **ENTRADA** es la porción de un juego dentro de la cual los equipos alternan a la ofensiva y defensiva y en la cual hay tres outs realizados por cada equipo. Cada oportunidad al bate de un equipo es la mitad de una entrada.

Comentario: es la mitad de un inning, también se conoce como parte (la primera parte del 5to innings).

Un **FILDEADOR** es cualquier jugador a la defensiva.

Comentario: Existen dos tipos de fildeadores los jugadores de cuadro o jugadores del cuadro y los outfileders o jugadores de los jardines o praderas.

FIELDER'S CHOICE es el acto de un fildeador que coge un roletazo de fair, y en vez de tirar a primera base para poner out al bateador-corredor, tira a otra base en un intento de poner out a un corredor precedente. El término se usa también por los anotadores **(a)** para justificar el avance del bateador-corredor que toma una o más bases extra cuando el fildeador que acepta su batazo de hit intenta poner out a un corredor precedente; **(b)** para justificar el avance de un corredor (otro que no sea por base robada o por error) mientras un fildeador está intentando poner out a otro corredor; y **(c)** para justificar el avance de un corredor hecho únicamente a causa de la indiferencia del equipo a la defensiva. (Robo no defendido).

Comentario: este es un punto importante en realidad el concepto más entendible es la misma traducción literal de la frase inglesa y es una escogencia del fildeador, es decir, si existe más de una posibilidad de out deberá anotarse fielder choice al bateador si el out es efectuado en cualquier otra base diferente a la que trata de alcanzar el bateador corredor.

Comentario: muchos países latinoamericanos no colocan el fielder choice en las jugadas de avance y solo colocan avance en sus anotaciones. Lo cual no es lo correcto, puesto que la jugada avance no está definida en los reglamentos.

Un **FOUL TIP** es una bola bateada que va rápida y directa desde el bate a la mano del receptor y es legalmente cogida. No es foul tip a menos que sea cogido y cualquier foul tip que sea cogido es un strike, y la bola está en juego. No es una cogida si es de rebote, a menos que la bola tocado primero la mascota del receptor o la mano.

Comentario: lo más importante de esta nota es que, el foul tip es out, con dos strike y si el receptor retiene la bola sin tocar el suelo se declara el strike, que al ser el tercero decretaría el ponche. Otro punto muy importante es que cuando el out se decreta por foul tip, el corredor queda a riesgo, es decir si hay un corredor que ha salido al robo y el recetor retiene en foul tip el tercer strike, el bateador es out, pero el corredor se adjudica la base robada, no tiene que regresar a la base original, puesto que el out es por ponche y no por fly capturado.

El **HOME TEAM** es el equipo en cuyos terrenos se celebra el juego, o si el juego se celebra en un terreno neutral, el home team será designado por mutuo acuerdo.

Comentario: también puede ser asignado por la liga.

ILEGAL (o ILEGALMENTE) es lo contrario a estas reglas.

Un **INFIELD FLY** es un fly de fair (no se incluye un batazo de línea ni un intento de toque de bola) el cual puede ser cogido por un jugador del cuadro con un esfuerzo ordinario, cuando primera y segunda, o primera segunda y tercera base están ocupadas, con menos de dos outs. El lanzador, el receptor y cualquier jardinero que se sitúe dentro del cuadro en la jugada será considerado como jugador del cuadro para el propósito de esta regla.

Cuando aparentemente una bola bateada pueda ser un Infield fly, el árbitro declarará inmediatamente "Infield fly" para el beneficio de los corredores. Si la bola está cerca de las líneas de base, el árbitro declarará "Infield fly si es Fair".

Comentario: un caso que sucedió en Tampa ejemplifica muy bien el espíritu de la regla, Julio Lugo dejó caer un batazo declarado infield fly con corredores en primera y segunda, el corredor de segunda salió a la conquista de la tercera, el tercera base pisó la base, pidiendo el out, el árbitro declaró el safe, puesto que el corredor debe ser tocado en la jugada. No hay out forzado en la jugada puesto que el bateador es out automáticamente al ser decretado el infield fly.

La bola está viva, y los corredores pueden avanzar a riesgo de que la bola sea cogida, o retocar y avanzar después de que la bola sea tocada, lo mismo que en cualquier bola de fly. Si el batazo se convierte en una bola de foul, se tratará lo mismo que cualquier foul.

Si un Infield fly declarado se deja caer al suelo sin ser tocado, y rueda a foul antes de pasar la primera o tercera base, es una bola de foul, Si un Infield fly declarado cae al suelo fuera de la línea de base sin ser tocado, y rueda a fair antes de pasar la primera o tercera base, es un Infield fly.

En la regla del Infield fly el árbitro tiene que decidir si la bola podía haber sido capturada normalmente por un jugador del cuadro – no por algunas limitaciones arbitrarias tales como la hierba, o las líneas de bases. El árbitro también debe decidir que una bola es un Infield fly aún cuando sea capturada por un jardinero, si a su juicio, un jugador del cuadro podía haber fildeado la pelota con la misma facilidad. El Infield fly en ningún sentido tiene que ser considerado una jugada de apelación. El juicio del árbitro debe regir, y la decisión debe efectuarse inmediatamente.

Cuando la regla del Infield fly es aplicada, los corredores pueden avanzar a su propio riesgo. Si en una decisión de la regla del Infield fly, el jugador del cuadro deja caer intencionalmente una bola de fair, la pelota permanece en juego a pesar de las disposiciones 6.05. [L]. La regla del Infield fly toma precedencia.

Comentario: sencillamente se trata de que los jugadores de cuadro no engañen a los corredores dejando caer la pelota a última hora para hacerlos out, siempre con menos de dos outs y si las posibilidades de un out forzado existen.

INTERFERENCIA:

(a) Interferencia ofensiva es una acción del equipo al bate la cual interfiere con, obstruye, impide, estorba o confunde a cualquier fildeador que intenta realizar una jugada. Si el árbitro declara al bateador, al bateador-corredor o a un corredor out por interferencia, todos los otros corredores retornarán a la última base que, a juicio del árbitro, fue legalmente tocada en el momento de la interferencia, a menos que otra cosa esté prevista por estas reglas.

En caso de que el bateador-corredor no haya alcanzado la primera base, todos los corredores retornarán a la última base que habían ocupado en el momento del lanzamiento.

Comentario: no se considerará interferencia del corredor o bateador cuando este esté legítimamente en su línea de carrera

(tres metros de ancho con centro en la línea recta entre las bases) y no se detenga en su intento por alcanzar la siguiente almohadilla. **Si se considerará interferencia si el corredor o bateador-corredor hace algún movimiento anormal en su carrera. Ejemplo: una vez Reggie Jackson sacó la mano para evitar un tiro del short stop en una jugada de doble play de una forma anormal, la jugada fue decretada interferencia y el árbitro decretó el out de corredor que trataba de alcanzar la primera base.**

(b) La interferencia defensiva es un acto realizado por un fildeador, mediante el cual estorba o impide al bateador que le pegue a la pelota lanzada.

Comentario: normalmente pasa con los receptores, en el beisbol moderno no sucede mucho, pero es posible que una mascota golpee un bate en medio del swing, mientras el bateador esté en la caja de bateo, cualquier contacto con el receptor será interferencia defensiva.

(c) Interferencia del árbitro ocurre (1) cuando un árbitro obstruye, impide o estorba la tirada de un receptor que intenta evitar un robo de base, o (2) cuando una bola de fair toca a un árbitro sobre territorio fair antes de pasar a un fildeador.

(d) Interferencia del espectador ocurre cuando un espectador se extiende fuera de las graderías, o va sobre el terreno de juego, y toca una bola viva.

Comentario: muchos son los casos en lo que algún fanático ha tocado la bola y ha impedido que el defensor pueda capturarla, uno de los más recordados es fly al left fielder que fue desviado por un fanático y que evitó que Moisés Alou, jugando para los Cachorros de Chicago en el 2003, efectuara un out, contra los Marlins de la Florida, lo que abrió la puerta para que posteriormente estos últimos se convirtieran en campeones del mundo.

En cualquier interferencia la bola es muerta.

Un **JARDINERO** es un fildeador que ocupa una posición en los jardines, que es el área del campo de juego más distante del home.

Comentario: La regla es un poco vaga en este sentido, son tres posiciones que se identifican como izquierdo, central y derecho, que se conocen numéricamente como 7,8 y 9 respectivamente.

Un **JUEGO DECLARADO TERMINADO** es uno en el cual, por cualquier razón, el árbitro principal termina el juego.

Comentario: más adelante explicaremos estos casos individualmente.

Un **JUEGO EMPATADO** es un juego reglamentario el cual es declarado terminado cuando cada equipo tiene el mismo número de carreras.

Un **JUEGO FORFEIT** es un juego declarado concluido por el árbitro principal a favor del equipo no infractor con la anotación de 9 a 0, por violación de las reglas.

Comentario: nuevamente la regla es vaga, el Forfeit asume la imposibilidad de un equipo de completar los jugadores suficientes para cubrir al campo o la inexistencia del bateador en turno.

Un **JUEGO REGLAMENTARIO**. (Ver reglas 4.10 y 4.11).

Un **JUEGO SUSPENDIDO** es un juego declarado terminado el cual debe ser completado en una fecha posterior.

Comentario: la liga determinará las condiciones por la cuales el juego se considerará suspendido y la reprogramación del mismo

Una **JUGADA FORZADA** es una jugada en la cual un corredor pierde legalmente su derecho a ocupar una base en razón de que el bateador se convirtió en corredor.

La confusión con respecto a esta jugada se elimina al recordar que frecuentemente la situación de 'forzado' desaparece durante la jugada. Ejemplo: hombre en primera, un out, la bola bateada va directamente a las manos del primera base que pisa la almohadilla y el bateador-corredor es out. La jugada forzada desaparece en ese momento y el corredor que avanza hacia segunda debe ser tocado. Si hubiera estado un corredor en tercera o segunda, y cualquiera de esos corredores anota antes de que sea tocado el corredor en segunda, la carrera es válida. Si el primera base hubiera tirado a segunda y luego la bola hubiera sido devuelta a primera, la jugada en segunda era un out forzado, completando el segundo out, y la devolución a primera antes de llegar el corredor completarían los tres outs. En este caso, ninguna carrera se anotaría.

Ejemplo: No es un out forzado. Corredores en primera y tercera. (1) Con un out. El bateador es out en fly. (2) Con dos outs. El corredor de tercera anota en pisa y corre. El corredor de primera trata de retocar antes que la tirada del fildeador llegue a manos del primera base, pero no consigue retornar a tiempo y es out. Tres outs. Si a juicio del árbitro, el corredor de tercera tocó el home antes que la bola fuera retenida en primera base, la carrera tiene validez.

Un **JUGADOR DE CUADRO** es un fildeador que ocupa una posición en el cuadro.

Un **LANZADOR** es el jugador designado para realizar los lanzamientos al bateador.

Un **LANZAMIENTO** es una bola lanzada al bateador por el lanzador.

Comentario: ojo con la palabra bola se trata de la pelota y no la decisión del árbitro de bola o strike con respecto al lanzamiento.

Todos los otros lanzamientos de la bola realizados entre un jugador y otro, son bolas tiradas.

Un **LANZAMIENTO DE DEVOLUCIÓN RÁPIDA** es aquél que se hace con el evidente propósito de coger a un bateador fuera de balance. Este es un lanzamiento ilegal.

Comentario: el beisbol es un juego de caballerosidad, por lo cual el lanzador debe esperar que el bateador esté listo para efectuar el lanzamiento.

Un **LANZAMIENTO ILEGAL** es (1) un lanzamiento que se le hace al bateador cuando el lanzador no tiene su pie de pívot en contacto con la goma de lanzar; (2) un lanzamiento de devolución rápida. Un lanzamiento ilegal cuando hay corredores en bases es un balk.

Comentario: ver regla 8.01

LEGAL o LEGALMENTE es lo que está de conformidad con estas reglas.

La **LIGA** es un grupo de clubes cuyos equipos juegan unos contra otros en una programación previamente coordinada conforme a estas reglas por el campeonato de la liga.

Comentario: la conformación es cada una de ellas será discutida por una asamblea general en la que estén representados todos los equipos.

Una **LINEA RAPIDA** es una bola bateada la cual va fuerte y directa desde el bate a un fildeador sin que ésta toque el suelo.

Comentario: a pesar de esta definición el batazo de línea o línea rápida será anotado como un batazo de out sin asistencia, de la misma forma en la que se anota un fly. Aunque algunos anotadores hacen la acotación de out en línea colocando L antes del número de la posición que efectuó el out.

El **MANEJADOR, DIRIGENTE o TÉCNICO** es una persona nombrada por el club para ser responsable de las acciones del equipo en el terreno y para representar al equipo en las conversaciones con el árbitro y el equipo contrario. Un jugador puede ser nombrado dirigente.

(a) El club señalará al dirigente al presidente de la liga o al árbitro principal con no menos de treinta minutos antes de la hora de comienzo del juego programado.

(b) El dirigente puede notificar al árbitro que él ha delegado las obligaciones específicas prescritas por las reglas en un jugador o asistente y cualquier acción de dicho representativo designado será oficial. El dirigente será siempre responsable de la conducta de su equipo, la observancia de las reglas oficiales, y el respeto a los árbitros.

(c) Si un dirigente abandona el terreno, él designará a un jugador o asistente como su sustituto, y dicho dirigente sustituto tendrá las obligaciones, derechos y responsabilidades del dirigente. Si un dirigente omite o rehusa designar a su sustituto antes de salir, el árbitro principal designará a un miembro del equipo como dirigente sustituto.

OBSTRUCCIÓN es el acto de un fildeador que, mientras no está en posesión de la bola, y no está en acto de capturar la bola, impide el progreso de cualquier corredor.

Si un fildeador está a punto de recibir una bola tirada y la pelota está en el aire y lo suficientemente cerca del fildeador de modo que él deba ocupar su posición para recibir el tiro, puede ser considerado "en el acto de capturar la bola". Enteramente es a juicio del árbitro decidir cuál es el momento en que un fildeador está en el acto de capturar una bola. Después que un fildeador ha hecho un intento de capturar una bola y ha fallado en la ejecución, ya no puede estar en el "acto de capturar" esa bola. Por Ejemplo: un jugador del cuadro se tira de cabeza para capturar un batazo de roletazo y la bola lo pasa, y el fildeador continúa acostado sobre el terreno y demora el avance de un corredor, es muy probable que él haya obstruido dicho corredor. Pero hay que tener cuidado en esto puesto que siempre se asumirá la buena fé cuando un fildeador haya hecho cualquier esfuerzo por tomar la bola, el corredor estará en la obligación de esquivar al fildeador caído.

Comentario: Es importante resaltar que el jugador a la ofensiva no obstruye, solo interfiere, la interferencia es en relación a la pelota la obstrucción es con relación al corredor.

OFENSIVA es el equipo, o cualquier jugador del equipo al bate.

Un OUT es uno de los tres que se requieren para retirar un equipo a la ofensiva durante su oportunidad al bate.

PASARSE AL DESLIZARSE (o PASÁNDOSE AL DESLIZARSE) es la acción de un jugador a la ofensiva cuando su deslizamiento en una base, otra que no sea cuando avanza desde el home a primera base, es con tal impulso que él pierde contacto con la base.

Comentario: al pasar la base el corredor queda a riesgo, salvo en los casos en los que las bases sean movibles, esta condición deberá ser discutida antes del partido dentro de las condiciones del terreno. Cuando la base es movible se puede tomar una de las dos alternativas 1) se considerará la base el punto en el cual estaba la base o 2) la propia base será considerada como tal aunque se haya desplazado (esta última es muy poco utilizada).

Una PENALIDAD es la aplicación de estas reglas como resultado de un acto ilegal.

La PERSONA de un jugador o un árbitro es cualquier parte de su cuerpo, sus ropas o su equipo.

"PLAY" es la orden del árbitro para comenzar el juego o para reanudar la acción siguiente a cualquier bola muerta.

El PIE DE PIVOT del lanzador es el pie el cual está en contacto con la goma del lanzador cuando él realiza el lanzamiento.

POSICION DE SET es una de las dos posiciones legales para lanzar.

Comentario: es colocarse en la goma de lanzar con ambos pies tocandola.

POSICION DE WIND-UP es una de las dos posiciones legales para lanzar.

Comentario: es la posición en la que el lanzador coloca la pelota dentro del guante para iniciar el movimiento para lanzar y el movimiento antes de soltar la pelota.

El **PRESIDENTE DE LA LIGA** exigirá que las reglas oficiales resuelvan cualquier controversia complicada del reglamento y decidirá cualquier juego protestado. El presidente de la liga puede suspender a cualquier jugador, asistente, dirigente o árbitro por violación de estas reglas, a su discreción.

Comentario: normalmente se suelen tomar estas decisiones dentro de un órgano colegiado, que sería la Junta Directiva de la Liga.

El **RECEPTOR** es el fildeador que ocupa su posición detrás del home.

RETOCAR es el acto de un corredor de retornar una base como legalmente se requiere.

AL RIESGO es un término que indica que la bola está en juego y que un jugador a la ofensiva puede ser puesto out.

"SAFE" es una declaración hecha por el árbitro en la que un corredor tiene derecho a la base que estaba tratando de obtener.

Comentario: la traducción literal es "'seguro", lo cual indica más claramente el espiritu de la regla

Un **STRIKE** es un lanzamiento legal cuando es declarado por el árbitro al cual:

(a) El bateador le tira y falla;

(b) El bateador no le tira, con tal que alguna parte de la bola pase a través de la zona de strike;

(c) El bateador conecta de foul, cuando él tiene menos de dos strikes;

(d) El bateador toca la bola de foul;

(e) Toca el bateador cuando él le tira;

(f) Toca el bateador en su trayectoria por el aire dentro de la zona de strike; o

Comentario: si el bateador es golpeado, pero el cuerpo del mismo estaba dentro de la zona de strike será considerado como strike

(g) Se convierte un foul tip.

SQUEEZE PLAY es un término para designar una jugada cuando un equipo con un corredor en tercera base, intenta la anotación de ese corredor mediante un toque de bola.

Comentario: se conoce como squeeze play suicida a la jugada en la que el corredor sale de la tercera base en la conquista del home plate en el momento en el que el lanzador efectúa el lanzamiento y el bateador es el responsable de conectar la pelota y ponerla en zona fair para evitar el out en home. También el squeeze play puede ser retardado cuando el corredor de la tercera base espera a que el bateador toque la bola antes de salir en la conquista del home plate.

TERRITORIO DE FOUL es aquella parte del terreno de juego fuera de las líneas de primera y tercera base prolongadas hasta la cerca y perpendicularmente hacia arriba.

TERRITORIO DE FAIR es aquella parte dentro del terreno de juego, incluyendo líneas de primera base y tercera base, desde el home hasta el fondo de la cerca del campo de juego y perpendicularmente hacia arriba. Todas las líneas de foul están en terreno fair.

Comentario: esto es sumamente importante puesto que aunque la pelota toque la linea un poco más en zona de foul que en zona fair será considerado como fair.

"TIEMPO" es el anuncio hecho por un árbitro de una interrupción legal del juego, durante el cual la bola está muerta.

Comentario: un jugador tiene derecho a pedir un tiempo pero tiene que ser concedido por el árbitro, es importante señalar que se tiene derecho a pedir el tiempo pero no es una obligación del árbitro concederlo. Aunque siempre se trata de proteger al jugador en la mayoría de los casos.

Una **TIRADA** es el acto de impulsar la bola con la mano y el brazo hacia un objetivo dado, y debe ser distinguido, siempre, de un lanzamiento hecho por el lanzador.

TOCAR a un jugador o árbitro es hacer contacto con cualquier parte de su cuerpo, sus ropas o su equipo.

Comentario: cuidado con este concepto en el caso del intento de poner out a un jugador el uniforme no será bajo ningún caso tomado en cuenta para considerarlo tocado, es por ello que en el beisbol se prohibe que la camiseta de un jugador sea utilizada por fuera del pantalón.

TOQUE es la acción de un fildeador al tocar una base con su cuerpo, mientras retiene la bola con seguridad y firmeza en su mano o guante; o tocando a un corredor con la bola, o con su mano o guante sosteniendo la bola, en tanto que mantiene la bola con seguridad y firmeza en su mano o guante.

Comentario: se anota como out al fildeador.

Un **TOQUE DE BOLA** es una bola bateada a la que no se le ha tirado fuerte, sino que intencionalmente se le ha presentado el bate y empujado suavemente hacia dentro del cuadro.

Comentario: existen toques de bola que salen del cuadro la regla no es clara a este concepto, en varias oportunidades

pudimos observar a bateadores muy hábiles como César Tovar, Roberto Alomar o Víctor Davalillo efectuar toques fuera del cuadro interior. En estos casos se anota el infield hit y se debe tomar en cuenta que la jugada se inició con un toque de bola.

Comentario: los toques de bola pueden ser para embasarse o de sacrificio, el cual debe cumplir con los requisitos de ser anunciado antes del lanzamiento y de que su intención principal sea el avanzar el o los corredor (es) que estén en base

TRAYECTORIA POR EL AIRE describe una bola bateada, tirada o lanzada, la cual no ha tocado todavía el terreno o algún objeto a no ser el fildeador.

Un **TRIPLE PLAY** es una jugada a la defensiva en la cual tres jugadores a la ofensiva son puestos out como resultado de una acción continuada, con tal que no haya error entre los outs realizados.

Comentario: es quizás la jugada más extraña del beisbol.

Un **WILD PITCH** es una bola lanzada tan alta, tan baja, o tan afuera del home, que no puede ser manipulada por el receptor con un esfuerzo ordinario.

Comentario: el wild pitch no se considera como error y la o las carrera (s) que se anoten por el o los avance (s) ocurridos por la jugada serán anotados como carrera limpia y cargadas a la cuenta del lanzador.

La **ZONA DE STRIKE** es aquella área sobre el home el límite de arriba el cual es una línea horizontal en el punto medio entre la parte superior de los hombros y la parte superior del pantalón del uniforme, y el nivel inferior es la línea en la parte inferior de las rodillas. La Zona de Strike será determinada desde la posición de batear en el momento que el bateador está preparado para tirarle a una bola lanzada.

Comentarios: nuevamente la regla es poco clara, las medidas se toman sobre el receptor, aunque en algunas ligas las medidas se toman sobre el bateador, aunque la norma no lo mencione, es importante que sepamos que el punto medio entre los hombros y el pantalón es aproximadamente el área ocupada por las letras del uniforme. Al ser tomado el bateador como referencia la zona de strike variará dependiendo del tamaño del bateador y de la forma en la que se coloque a batear. Hoy en día se debate entre las diferentes ligas la definición de la zona de strike.

3.00 Pasos Preliminares al juego

3.01 Antes de comenzar un juego el árbitro deberá:

a) Requerir la observancia de todas las reglas que rigen los implementos de juego y el equipo de los jugadores.

b) Estar seguro que todas las líneas del campo de juego estén marcada con cal, yeso u otro material blanco que se pueda distinguir fácilmente del terreno o del césped.

c) Recibir del home club el suministro de pelotas reglamentarias, cuya cantidad y manufactura deben ser certificadas por la liga. Cada pelota estará en un paquete o caja sellada con la firma del presidente de la liga, y dicho sello no será roto hasta momentos antes de comenzar el juego siendo entonces cuando el árbitro debe abrir el paquete o caja para inspeccionar la bola y quitarle el brillo. El árbitro será el único juez que determinará las condiciones de las bolas que van a ser usadas en el juego.

d) Asegurarse que el home club tiene por lo menos en su reserva una docena de pelotas reglamentarias a disposición inmediata para ser usadas si se necesitan.

Comentario: esta norma es variable de acuerdo a las condiciones de cada liga, cada una exigirá a los árbitros el cumplimiento de normas para el inicio de los partidos, en cada liga las condiciones serán diferentes.

e) Tener en su poder al menos dos pelotas para alternar, debiendo requerir el reabastecimiento de dichas bolas para alternarlas tantas veces como sea necesario en el transcurso del juego. Tales bolas para alternar se pondrán en juego cuando:

1. Una bola haya sido bateada fuera del campo de juego dentro del área de los espectadores.
2. Una pelota se torne descolorida o no apta para ser utilizada.

3. El lanzador solicite que le cambien la bola.

Comentario: esta norma es variable de acuerdo a las condiciones de cada liga, en grandes ligas cada pelota que toque el suelo o sea bateada será puesta fuera de juego.

El árbitro no le entregará al lanzador una bola para alternar hasta que la jugada haya terminado y la bola que previamente se estaba usando esté muerta. Después que una pelota tirada o bateada salga fuera del terreno, el juego no será reanudado con una bola nueva hasta que los corredores hayan llegado a las bases a las cuales ellos tienen derecho. Después que un jonrón sea conectado fuera del campo de juego, el árbitro no le enviará una nueva bola al lanzador o al receptor hasta que el jugador que conectó el jonrón haya cruzado home.

Comentario: esto quiere decir que para que una nueva bola ingrese al terreno el árbitro deberá asegurarse de que la bola anteriormente utilizada sea "bola muerta".

3.02 Ningún jugador intencionalmente le quitará el color o dañará la bola frotándola con tierra, resina, parafina, papel de lija, papel esmeril u otras sustancias extrañas.

PENALIDAD: El árbitro solicitará la bola y retirará del juego al infractor. En caso de que el árbitro no pueda identificar al infractor y si el lanzador le lanza al bateador dicha pelota descolorida o dañada, el lanzador será inmediatamente retirado del juego y será suspendido automáticamente por diez días.

Comentario: la penalidad del retiro del juego deberá ser cumplida para todos los casos, pero la suspensión será determinada por la liga y anunciada en su oportunidad.

3.03 Un jugador o jugadores pueden ser sustituidos durante un juego en cualquier momento en que la bola esté muerta. Un jugador sustituto bateará en la posición del jugador reemplazado, en el orden al bate del equipo. Una vez que un jugador haya sido retirado del juego no podrá participar más en ese juego. Si un sustituto entra en el juego en lugar de un dirigente-jugador, dicho dirigente puede continuar actuando en las líneas del asistente a su discreción.

Cuando dos o más jugadores sustitutos del equipo de la defensiva entren en el juego al mismo tiempo, el dirigente deberá, inmediatamente antes de que ocupen sus posiciones en el campo, indicar al árbitro principal las posiciones de dichos jugadores en el orden al bate del equipo y el árbitro principal a su vez se lo notificará al anotador oficial. Si esta información no es dada inmediatamente al árbitro principal, él tendrá la autoridad para disponer el turno que han de ocupar dichos sustitutos en el orden al bate de su equipo.

Comentario: esta situación es muy común en la liga Nacional del beisbol de grandes ligas, donde se acostumbra a efectuar dobles cambios (double swtich) para sustituir al lanzador y a un jugador de posición y alejar del turno al bate al lanzador. Entonces se coloca en el turno mas cercano en el orden al bate al sustituto de posición que reemplaza al lanzador y se coloca al lanzador en el orden al bate del jugador de posición que saliera del partido.

Comentario: Dusty Baker en el 2005 fue suspendido por 5 partidos, por protestar, luego de no dar cumplimiento de la formalidad de ir al home plate a comunicarle al principal la posición de bateo en la que iba a quedar cada uno de los bateadores después de un doble cambio. El equipo contrario introdujo un reclamo al consumir su turno el primero de los dos que entraron en el doble canje y pusieron out al bateador.

Comentario: también es de hacer notar que en algunas ligas existen los corredores de cortesía, estos corredores se colocan en las bases para correr en sustitución de algunos jugadores, tanto los jugadores sustituidos como los corredores de cortesía pueden volver al partido. Cada liga deberá incluir en su reglamente las normas para este tipo de situaciones.

Un lanzador puede cambiar a otra posición solamente una vez durante la misma entrada: por ejemplo, al lanzador no le será permitido asumir otra posición que no sea la que él desempeña más de una vez en la misma entrada.

Comentario: el lanzador puede tomar una posición diferente a la de lanzador y regresar a lanzar, pero no podrá efectuarse ningún otro cambio posición con el lanzador.

A cualquier jugador otro que no sea un lanzador que sustituya a un jugador lesionado le será permitido realizar cinco tiros de calentamiento. (Ver Regla 8.03 para los lanzadores).

3.04 Un jugador cuyo nombre esté en el orden de bateo de su equipo no podrá convertirse en corredor sustituto de otro miembro del equipo.

Comentario: Esta regla está designada a eliminar la práctica de utilizar los así llamados corredores de cortesía. A ningún jugador en el juego le será permitido actuar como corredor de cortesía por un compañero del equipo. Ningún jugador que haya estado en el juego y haya sido retirado por un sustituto podrá retornar como un corredor de cortesía Cualquier jugador que no esté en la alineación, si es usado como corredor, se le considerará como un jugador sustituto. En todo caso cada liga puede reglamentar el uso de corredores de cortesía, las normas de "out por corredor", etc. pero no es recomendable la práctica de ninguna de estas normas extraídas del softball.

3.05 a) El lanzador designado en el orden al bate entregado al árbitro principal como está previsto en las Reglas 4.01 (a) y 4.01 (b), le lanzará al primer bateador o a cualquier bateador sustituto hasta que dicho bateador sea puesto out o llegue a primera base, a menos que el lanzador sufra una lesión o enfermedad la cual, a juicio del árbitro principal, lo incapacite para seguir actuando como lanzador.

b) Si el lanzador es reemplazado, el lanzador sustituto le lanzará al bateador que se encuentre al bate o a cualquier bateador sustituto, hasta que dicho bateador sea puesto out o llegue a primera base, a menos de que el lanzador sustituto sufra una lesión o enfermedad la cual, a juicio del árbitro principal, lo incapacite para seguir actuando como lanzador.

54

c) Si se hace una sustitución impropia por el lanzador, el árbitro ordenará el retorno al juego del lanzador propio hasta que lo dispuesto en esta regla sea cumplimentado. Si el lanzador impropio le es permitido lanzar, cualquier jugada que resulte es legal. El lanzador impropio se convierte en el lanzador propio tan pronto como realice su primer lanzamiento al bateador, o tan pronto como cualquier corredor sea puesto out.

Si un dirigente de equipo pretende sustituir a un lanzador infringiendo la Regla 3.05 (c), el árbitro notificará al dirigente del equipo infractor que eso no se puede hacer. Si, por casualidad, el árbitro principal a causa de un descuido ha anunciado la entrada del lanzador impropio, él debe a pesar de esto, rectificar la situación antes de que el lanzador impropio realice un lanzamiento. Tan pronto como el lanzador impropio realice un lanzamiento se convierte en el lanzador propio.

Comentario: en resumen cada lanzador está obligado a enfrentar al bateador que le corresponde, la única excusa para el incumplimiento de esto es la enfermedad o lesión del lanzador. No se puede cambiar un lanzador recién incluido en medio de un conteo.

Comentario: estas normas tienen varias formas de ser interpretadas, pero la realidad es que quien debe estar más pendiente de su cumplimiento es el equipo contrario a quien hace la sustitución ilegal, puesto que debe efectuar el reclamo antes de que se efectúe el primer lanzamiento, debido a que, posteriormente no existe la posibilidad de reclamo en la jugada y no se imputará al árbitro ninguna responsabilidad al respecto. El reclamo se efectuará ante el anotador oficial.

3.06 El dirigente notificará inmediatamente cualquier sustitución al árbitro principal y le señalará el lugar que ocuparán los sustitutos en el orden al bate.

Los jugadores que hayan sido sustituidos pueden permanecer con su equipo en el banco o pueden "calentar" a los lanzadores. Si un dirigente se sustituye a sí mismo por otro jugador, él puede continuar dirigiendo a su equipo desde el banco o desde el cajón del asistente. Los árbitros no les permitirán a los jugadores que han sido sustituidos, y que pueden permanecer en el banco, dirigirse en forma incorrecta a cualquier jugador o al dirigente de equipo contrario, o a los árbitros.

Comentario: esto más que una posibilidad es una responsabilidad cada jugador que haya salido del partido debe quedarse en el banco de suplentes debidamente uniformado, muchas ligas prohíben la salida del terreno de un jugador sustituido y la mayoría que no lo hacen, si prohíben que un jugador esté en las tribunas portando el uniforme del equipo al que pertenece. También se prohíbe que cualquier jugador sustituido o expulsado del partido que esté en las tribunas lance malas palabras al equipo contrario o los árbitros, las diferentes ligas deben crear las penalidades para este tipo de infracciones que deben pasar por la suspensión absoluta o temporal del jugador que la cometa.

3.07 El árbitro principal, después de haber sido notificado, anunciará inmediatamente, o hará que sea anunciada, cada sustitución.

Comentario: la notificación la hace el dirigente, uno de sus asistentes o hasta el propio jugador que ingresa al árbitro, el anuncio lo efectúa el árbitro o los dirigentes del equipo al anotador oficial.

3.08 a) Si no se hiciera el anuncio de una sustitución, el sustituto se considerarán que ha entrado al juego cuando:

1. Si es un lanzador, ocupe su posición en la goma.

2. Si es un bateador, ocupe su posición en el cajón del bateador.

3. Si es un fildeador, ocupe la posición usualmente ocupada, por el fildeador que él ha reemplazado, y el juego sea reanudado.

4. Si es un corredor, cuando tome la posición del corredor a quien haya sustituido.

56

b) Cualquier jugada realizada por, o sobre, cualquiera de los antes mencionados sustitutos no anunciados será legal.

Comentario: sin ser la opción más correcta puede obviarse el anuncio del jugador y cada actuación del mismo será legal, pero esta actitud tiende a enredar la labor del anotador que va en detrimento de la limpieza del registro del partido, estos casos pueden ser penalizados posteriormente por cada liga según sea tratado en cada reunión de equipo, aunque su incumplimiento no sea una violación directa de una regla.

3.09 Los jugadores en uniforme no se dirigirán ni se mezclarán con los espectadores, ni se sentarán con los espectadores, ni se sentarán en las graderías antes del juego, durante el juego, o después del juego. Ningún dirigente, asistente o jugador se dirigirá a ningún espectador antes o durante el juego. Los jugadores de los equipos no podrán fraternizar en ningún momento mientras estén uniformados.

Comentario: esta regla es violada constantemente en todos los niveles, incluso las grandes ligas, los puristas del beisbol lo ven como una violación a la esencia de la competencia. Hemos observado jugadores de las ligas mayores, sentados en las tribunas con grupos de sus amistades antes del partido, peloteros de equipos contrarios confraternizando y peloteros y dirigentes conversando con el público antes, en y posteriormente al partido. Nuestro vaticinio es que más pronto que tarde esta norma será eliminada del beisbol, entre tanto los árbitros son los encargados de hacerla cumplir.

Comentario: algunos jugadores son obligados por sus propios equipos a romper esta regla confraternizando con el público por cuestiones comerciales y de imagen.

3.10 a) El dirigente del equipo local será el único juez para decidir si un juego se puede comenzar debido al mal tiempo o a las malas condiciones del terreno de juego, excepto cuando se trate del segundo juego de un doble encuentro. **EXCEPCIÓN:** Cualquier liga puede autorizar permanentemente a su presidente para suspender la aplicación de esta regla, al objeto de que esa liga durante las últimas semanas del campeonato pueda asegurar que el mismo sea decidido cada año por sus propios méritos. Cuando haya que posponer, o dejar de efectuar un juego en las series finales de un campeonato entre dos equipos, cualquier equipo que pudiera afectar la posición final de cualquier equipo, en la liga, el presidente, por apelación de cualquier equipo de la liga puede asumir la autoridad que otorga esta regla al dirigente del equipo local.

b) El árbitro principal del primer juego será el único Juez para decidir si el segundo juego de un doble encuentro no podrá comenzarse a causa del mal tiempo o de las malas condiciones del terreno de juego.

c) El árbitro principal será el único juez para decidir si se debe y cuándo el juego habrá de suspenderse a causa de que las condiciones del tiempo no son apropiadas o por malas condiciones del terreno de juego, también decidirá si se debe y cuándo habrá de reanudarse el juego después de tal suspensión. Él no terminará el juego hasta por lo menos treinta minutos después que el juego haya sido suspendido. Él puede continuar la suspensión tanto tiempo como crea que exista una posibilidad de reanudar el juego.

El árbitro principal tratará en todo momento de completar un juego. Su autoridad para reanudar el juego a continuación de una o más suspensiones de tantos como de treinta minutos cada una será absoluta y él terminará un juego solamente cuando haya evidencias de no existir posibilidades de completarlo.

Comentario: la potestad que tiene el dirigente del equipo home club, en las grandes ligas se pierde para ser cedida al árbitro principal cuando se trate de la última serie entre los dos equipos en el año, debido a la dificultad de efectuar el juego en fechas posteriores.

3.11 Entre los juegos de un doble encuentro, o en cualquier momento que un juego sea suspendido a causa del mal estado del terreno de juego, el árbitro principal tendrá el control de los cuidadores del terreno y de sus asistentes, con el propósito de poner el campo de juego en condiciones para jugar.

PENALIDAD: Por la violación, el árbitro principal puede declarar el juego forfeit a favor del equipo visitador.

Comentario: se busca tratar de presionar al equipo home club a efectuar el juego tratando por todos los medios de lograr que el terreno de juego esté en las condiciones mínimas requeridas para llevarlo a cabo.

3.12 Cuando el árbitro suspenda el juego dirá "Time o Tiempo". Y cuando diga "Play", la suspensión queda sin efecto y el juego se reanuda. Entre la llamada de "Time o tiempo" y "PLAY o Juego" la bola está muerta.

Comentario: el jugador o técnico que solicite un tiempo deberá esperar a que el mismo sea concedido por el árbitro. Uno tiene derecho a pedir el tiempo, pero no a que este sea concedido el árbitro tiene toda la capacidad para decidir sobre una solicitud de tiempo.

3.13 El dirigente del equipo local presentará al árbitro principal y al dirigente contrario cualquiera de las reglas de terreno que él considere necesaria para controlar el desborde de espectadores sobre el terreno de juego, las bolas bateadas o tiradas dentro de dichos espectadores, o cualquier otra contingencia. Si estas reglas son aceptadas por el dirigente adversario, ellas serán legales. Si éstas no son aceptadas por de dirigente adversario, el árbitro principal dispondrá y hará cumplir cualquier regla especial de terreno que crea que se hace necesaria debido a las condiciones del terreno, las cuales no estarán en conflicto con las reglas oficiales del juego.

Comentario: en las grandes ligas las reglas de cada stadium ya están predeterminadas por MLB y son meramente una formalidad las reuniones entre dirigentes y árbitros antes del inicio de cada partido para refrescarlas. Los campos en los que hayan impedimentos naturales, como montículos, árboles, etc. deberán tener su reglamentación por escrito disponible para el equipo visitante. Sino es así, entonces los dirigentes del equipo visitante están en la obligación de hacer llegar las reglas de terreno a cada uno de sus jugadores antes del inicio del juego.

3.14 Los miembros del equipo a la ofensiva conducirán hacia el banco de los jugadores, todos los guantes y otros implementos que estén en el terreno, mientras su equipo esté al bate. Ningún implemento podrá dejarse sobre el terreno, ni en territorio fair o de foul.

Comentario: este punto es importante, puesto que se suelen dejar afuera del dugout los bates y cascos, cosa que está totalmente fuera de reglamento y propende a que hayan lesiones.

3.15 A ninguna persona se le permitirá permanecer en el campo de juego, durante el juego, con excepción de los jugadores y asistentes uniformados, dirigentes, fotógrafos autorizados por el home team, árbitros, oficiales del orden, uniformados, vigilantes u otros empleados del home club. En el caso de que cualquier persona de las aquí autorizadas para permanecer en el campo de juego cometiera una interferencia no intencional sobre una jugada (excepto los miembros del equipo a la ofensiva que participan en el juego, un asistente dentro de su cajón o un árbitro) la bola estará viva en juego. Si la interferencia es intencional la bola será muerta en el momento de la interferencia y el árbitro impondrá tales penalidades como en su opinión puedan anular el acto de interferencia.

NOTA: Véase la Regla 7.11 para las excepciones individuales señaladas anteriormente, y también vea la Regla 7.08 (b).

El problema de la interferencia intencional o no intencional será decidida sobre la base de la acción de la persona. Por ejemplo: un carga bates, encargado de recoger las bolas, policías, etc., que trate de evitar el ser tocado por una bola tirada o bateada pero a pesar de eso es tocado por dicha bola, estaría comprendido en la interferencia no intencional. Sin embargo, si patea la pelota o la empuja o la coge en alguna forma, eso se considera una interferencia intencional, sin tener en cuenta cuáles pueden haber sido sus intenciones.

Jugada: el bateador conecta un batazo por el campo corto, el torpedero fildea la pelota pero tira mal a primera base. El asistente de primera base, tratando de evitar ser tocado por la bola tirada, se cae sobre el terreno, el inicialista en su recorrido para recuperar la pelota tropieza con el asistente; finalmente el bateador-corredor se detiene en tercera base. El interrogante que se plantea es si el árbitro debe declarar interferencia por parte del asistente. Esto sería a juicio del árbitro y si él considera que el asistente hizo todo lo que pudo para evitar interferir en la jugada, no debe ser declarado interferencia. Si le parece al árbitro que el asistente sólo estaba aparentando que él trataba de no interferir, debe declarar la interferencia.

Comentario: los fotógrafos permitidos deben estar detrás de las bases en la zona de foul, no delante de las mismas o atrás del home como hemos podido observar en algunas ligas.

3.16 Cuando haya interferencia del espectador con cualquier bola tirada o bateada, la bola será muerta en el momento de la interferencia y el árbitro impondrá tales penalidades como en su opinión puedan anular el acto de interferencia.

Regla Aprobada: Si la interferencia del espectador claramente impide que un fildeador pueda capturar una bola de fly, el árbitro declarará out al bateador.

Hay una diferencia entre una bola que ha sido tirada o bateada dentro de las graderías, que toca a un espectador y desde ese momento la bola está fuera de juego aun cuando rebote hacia dentro del terreno, y un espectador que penetra dentro del campo de juego o alcanza sobre, por debajo o a través de una barrera, valla o cerca y toca una bola en juego, o haciendo contacto o de otra manera interfiere a un jugador. El segundo de los casos es evidentemente intencional y será tratado como una interferencia intencional conforme a la Regla 3.15. El bateador y los corredores serán situados donde a juicio del árbitro habrían estado de no haber ocurrido la interferencia.

Ninguna interferencia será admitida cuando un fildeador se extienda sobre una cerca, una baranda, mecate o dentro de una tribuna para atrapar una pelota, esto lo hace a su propio riesgo, sin embargo, en el caso de que un espectador se extienda hacia el lado del campo de juego de tales cercas, barandas o mecates, y claramente impida al fildeador que atrape la pelota, deberá entonces declarar out al bateador debido a la interferencia del espectador.

Ejemplo: Corredor en tercera base, un out y el bateador conecta un batazo de fly a lo profundo de los jardines de fair o de foul. El espectador interfiere claramente con el jardinero que trata de capturar el fly. El árbitro decreta out al bateador por la interferencia del espectador. La bola está muerta desde el momento de la decisión. El árbitro decide que debido a la distancia en que fue conectada la pelota, el corredor de la tercera habría anotado después de la cogida si el fildeador hubiera fildeado la bola, la cual fue interferida por el espectador, por lo tanto, la anotación del corredor es permitida. Éste no sería el caso si dicho batazo de fly fuera interferido sólo a corta distancia con respecto al home.

Comentario: esta no es una regla de fácil aplicación, vamos a hablar de dos casos de la no aplicación de esta ambigua regla, primero en 1996 el famoso Derek Jeter, en la serie de campeonato de la liga americana, conectó un batazo en el que un joven fanático introdujo su mano sobre la pared para tomar la pelota, el batazo fue declarado jonrón, a pesar de que en las miles de repeticiones observadas se puede tener la certeza de que la pelota no iba a abandonar el parque. También tenemos el batazo conectado por Luis Castillo en la serie de campeonato de la liga nacional, entre los Cachorros de Chicago y los Marlins de la Florida en el 2003, cuando un fanático interfiriera con el posible fildeo que iba a efectuar Moisés Alou. El batazo fue declarado foul.

En ambos casos los árbitros aplican la regla como menos problemática les pueda resultar, ante la duda ambos declararon la continuación del batazo puesto que es mucho más complejo asumir la posibilidad de que un fildeador pudiera capturar la pelota.

3.17 Los jugadores y sustitutos de ambos equipos permanecerán en sus respectivos bancos a menos que estén participando actualmente en el juego o preparándose para entrar en el mismo, o actuando como asistente en primera o tercera base. Nadie excepto los jugadores sustitutos, dirigentes, asistentes, entrenadores y cargabates ocuparán el banco durante el juego.

PENALIDAD: Por la violación el árbitro puede, después de advertirlo, retirar del terreno al infractor.

A los jugadores de la lista de incapacitados les está permitido participar en las actividades antes del juego y sentarse en el banco durante el encuentro, pero no podrán tomar parte en ninguna actividad durante el desafío, tales como calentar a los lanzadores, gritar o hacer burlas desde el banco a los jugadores contrarios, etc. A los jugadores incapacitados no les está permitido entrar a la superficie de juego en ningún momento o por cualquier finalidad durante el encuentro.

Comentario: en ligas de otros niveles se suele permitir la estadía de personas no uniformadas en los dugouts, pero esta práctica puede causar más problemas que los que resuelve, así que recomendamos a las ligas que la cumplan a cabalidad. Los impedimentos a los que se refiere esta regla incluyen a los directivos de los equipos e incluso de la liga.

Años atrás el ex propietario de los Bravos de Atlanta, Ted Turner, incluso llegó a uniformarse con los colores del equipo, fue multado y prohibida específicamente por MLB su estadía dentro del dugout.

3.18 El equipo local ofrecerá la suficiente protección de policías para conservar el orden. Si una persona, o personas, penetran en el terreno durante un juego e interfiere en cualquier forma, el equipo visitante puede rehusar seguir jugando hasta que el terreno sea despejado.

PENALIDAD: Si el terreno no fuera despejado en un periodo de tiempo razonable, el cual en ningún caso será menor de quince minutos después de que el equipo visitador haya rehusado continuar jugando, el árbitro puede declarar el juego forfeit a favor del equipo visitador.

Comentario: todas las penalidades que vayan a tomarse en un partido por la actividad del público serán tomadas contra el equipo home club. Esta costumbre que no está expresa en la regla, es generalizada, recuerdo un juego confiscado en Barquisimeto en un final a favor de los Leones del Caracas

porque el público lanzó repetidas veces botellas de cerveza al terreno, esto ocasionó la terminación del partido a favor del Caracas una multa a los Cardenales y pudo haber ocasionado la suspensión de la sede, cosa la cual la liga no hizo.

4.00 Comienzo y terminación de un juego

4.01 A menos que el equipo de casa haya notificado de antemano que el juego ha sido pospuesto o que será demorado en comenzar, el árbitro o árbitros saldrán al terreno de juego cinco minutos antes de la hora para comenzar el juego y se dirigirán directamente al plato donde se reunirán con los dirigentes de los equipos contrarios. A continuación:

(a) Primero, el dirigente del equipo local dará su orden al bate al árbitro principal, por duplicado.

(b) Seguidamente, el dirigente del equipo visitador dará su orden al bate al árbitro principal, por duplicado.

(c) El árbitro principal tendrá la certeza de que el original y las copias de las respectivas órdenes al bate sean idénticas, y después ofrecerá una copia de cada orden al bate al dirigente contrario. La copia retenida por el árbitro será el orden al bate oficial. El acto de ofrecer el orden al bate por el árbitro confirmará las órdenes al bate. Después de eso, ninguna sustitución será hecha por uno u otro dirigente, excepto como está previsto en estas reglas.

(d) Tan pronto como el orden al bate del equipo de casa sea entregado al árbitro principal, los árbitros son los encargados del terreno de juego y desde ese momento tendrán la autoridad exclusiva para determinar cuándo un juego será declarado terminado, suspendido o reanudado a causa del estado del tiempo o las condiciones del terreno de juego.

Los errores palpables en el orden al bate que sean observados por el árbitro principal antes de ordenar "PLAY" para el comienzo del juego, deben ser advertidos llamándoles la atención al dirigente o capitán del equipo que cometió el error, de manera que la corrección pueda ser hecha antes del inicio del juego. Por ejemplo: si un dirigente inadvertidamente ha puesto en lista solamente a ocho hombres en el orden al bate o ha listado a dos jugadores con el mismo apellido pero sin una identificación inicial y los errores son advertidos por el árbitro antes de ordenar "play", él ayudará de ese modo a que dicho error o errores sean subsanados antes de dar la orden de comenzar el juego. Los equipos no deberán verse "atrapados" posteriormente por alguna equivocación que evidentemente pasó inadvertida y que pudo ser enmendada antes del inicio del juego.

Comentario: en las grandes ligas, el anotador oficial recibe los line up al menos una hora antes de cada partido, si hubiere alguna modificación de última hora debe ser notificada y justificada al árbitro principal antes del inicio del juego. En las ligas aficionadas los line up deberán entregarse con suficiente anticipación a los árbitros, anotadores y al equipo contrario para que no entorpezca la hora fijada para el encuentro.

4.02 Los jugadores del equipo local ocuparán sus posiciones defensivas, el primer bateador del equipo visitador ocupará su posición en el cajón del bateador, el árbitro ordenará "Play" y el juego comenzará.

4.03 Cuando la bola es puesta en juego al comienzo de, o durante un juego, todos los fildeadores excepto el receptor estarán en territorio fair.

(a) El receptor se colocará directamente detrás del plato. Él puede abandonar su posición en cualquier momento para recibir un lanzamiento o realizar una jugada, excepto que cuando el bateador está recibiendo una base por bolas intencional, el receptor debe pararse con ambos pies dentro de las líneas del cajón del receptor hasta que la bola abandone la mano del lanzador.

Penalidad: Balk.

(b) El lanzador, mientras está en el acto del lanzamiento de la bola al bateador, ocupará su posición legal.

(c) Excepto el lanzador y el receptor, cualquier fildeador puede colocarse en cualquier lugar del territorio fair.

(d) Excepto el bateador, o un corredor tratando de anotar, ningún jugador de la ofensiva cruzará las líneas del receptor cuando la bola esté en juego.

Comentario: se suele observar que los prevenidos traten de quitar el bate caído con el que fue conectada la bola si un corredor viene hacia home, esta labor deberá ser efectuada por el receptor, ya que esta norma es de obligatorio cumplimiento.

4.04 El orden al bate será continuado durante todo el juego a menos de que un jugador sea sustituido por otro. En ese caso el sustituto ocupará el lugar en del jugador reemplazado en el orden al bate.

Comentario: cada sustitución deberá ser notificada al árbitro principal y al anotador, para que tenga la validez del caso. El jugador sustituido no puede reingresar al partido.

En el caso de cambios dobles o de más jugadores deberá especificarse la posición al bate de cada uno de los jugadores incluidos, es decir, por quien cambia a cada uno de los ingresados en el mismo momento que se efectúa al cambio, sin chance para variar el orden al bate de ninguno de estos.

4.05 (a) El equipo a la ofensiva deberá situar dos asistentes de bases en el campo durante su turno al bate, uno cerca de la primera base y otro cerca de la tercera base.

(b) Los asistentes de bases serán limitados al número de dos y estarán (1) con el uniforme del equipo, y (2) permanecerán dentro del cajón del asistente en todos los momentos.

Penalidad: El asistente de base infractor será retirado del juego, y tendrá que abandonar el terreno de juego.

Ha sido una práctica común durante muchos años por algunos asistentes poner un pie fuera del cajón de asistente o pararse a horcajadas o de otra forma estar ligeramente fuera de las líneas del cajón del asistente. El asistente no será considerado fuera del cajón a menos de que el dirigente del equipo contrario proteste, y entonces el árbitro hará cumplir estrictamente la regla y obligará a todos los asistentes (de ambos equipos) que permanezcan dentro del cajón del asistente en todos los momentos.

También es una práctica común para un asistente que tiene una jugada en su base, salir del cajón para indicarle al jugador que se deslice, que avance o regrese a una base. Esto se puede permitir si el asistente no interfiere en cualquier forma con la jugada.

Comentario: otra práctica común es la de aumentar la penalidad, algunas ligas también consideran out al bateador en turno cuando no está alguno de los asistentes en su respectiva posición.

4.06 (a) Ningún dirigente, jugador, sustituto, asistente, entrenador y carga bates podrá en ningún momento, ya sea desde el banco, el cajón del asistente, o en el terreno de juego, o en cualquier otra parte:

(1) Incitar, o tratar de incitar, con palabras o señas a los espectadores para que tengan una demostración;

(2) Usar lenguaje que pueda en alguna forma referirse a, que recaigan sobre jugadores contrarios, un árbitro o cualquier espectador;

(3) Pedir "Time", o emplear cualquier palabra o frase o cometer cualquier acto mientras la bola esté viva y en juego con el evidente propósito de tratar de hacer que el lanzador cometa un balk;

(4) Hacer contacto intencional con el árbitro, en cualquier forma.

(b) Ningún fildeador podrá situarse en la línea de visión del bateador con el deliberado propósito antideportivo, actuar en alguna forma para distraer al bateador.

Penalidad: El infractor será retirado del juego y tendrá que abandonar el terreno de juego, y si un balk es cometido debe ser anulado.

Comentario: como decíamos en comentarios anteriores este es un juego de caballeros donde la caballerosidad y la buena fe debe reinar y por ellos la regla es dura con la intencionalidad de hacer cometer un error a los jugadores del equipo contrario.

4.07 Cuando un dirigente, jugador, asistente o entrenador sea expulsado de un juego, abandonará el terreno inmediatamente y no tomará parte en lo delante de ese juego. Él deberá permanecer en la casa club o se pondrá las ropas de calle y una de dos, o sale del parque o se sienta en las gradas bien distante de la vecindad del banco de los jugadores de su equipo o del bullpen.

Comentario: Si un dirigente, asistente o jugador está suspendido, él no puede estar en la caseta, o palco de la prensa, durante el curso de un juego. Hemos podido ver en otros deportes a violadores de la regla como directores técnicos de fútbol que utilizaban walkie talkies para comunicarse con sus bancas para dar instrucciones.

En el beisbol una de las más reprobables y sucias de las tácticas usadas para burlarse de las reglas. Bobby Valentine, en su poco afortunada incursión como dirigente en las mayores, utilizó gafas y bigotes postizos para no ser reconocido en el dugout, cuando dirigía a los Mets de Nueva York. En mi humilde opinión debió ser execrado de por vida de la pelota por su intento de hacer de un deporte serio una bufonada, pero no es parte de la regla, por lo cual queda a cargo de la liga.

4.08 Cuando los ocupantes del banco de jugadores demuestren una violenta desaprobación con una decisión de un árbitro, el árbitro hará primero la advertencia de que dicha desaprobación debe cesar. Si tal acción continúa:

Penalidad: El árbitro ordenará que los infractores salgan del banco y se dirijan a la casa club. Si él está imposibilitado de descubrir al infractor, o infractores, puede desocupar el banco de todos los jugadores sustitutos. El dirigente del equipo infractor tendrá la concesión de hacer volver al terreno de juego solamente a aquellos jugadores que realmente se necesiten por sustitución en el juego.

Comentario: no hemos tenido la oportunidad de observar este tipo de penalidades lo más común es que después de la advertencia, si continúa la situación son expulsados los jugadores o técnicos que tengan que ver con la protesta.

4.09 COMO UN EQUIPO ANOTA

(a) Una carrera será anotada cada vez que un corredor avance legalmente y toque primera, segunda, tercera home, antes de que tres hombres sean puestos out para finalizar la entrada. EXCEPCIÓN: Una carrera no es anotada si el corredor avanza al home durante una jugada en la cual el tercer out es realizado (1) sobre el bateador-corredor antes de que toque la primera base; (2) sobre cualquier corredor que haya sido out forzado (3) sobre un corredor precedente que sea declarado out por causa de haber dejado de tocar una de las bases.

Comentario: el número tres tiene que ver con las jugadas de apelación a los toques de base de los corredores que anotaron después de la carrera que puede ser anulada. Ejemplo: si está Castillo en segunda base y Pierre en primera, con dos outs y Lowell conecta doble al izquierdo, anotan Castillo y Pierre, pero Castillo, en su recorrido por las bases no pisa la tercera almohadilla; acto seguido el lanzador del equipo contrario solicita apelación en tercera a nombre del corredor de segunda (es necesario especificar sobre cual corredor es la apelación). El árbitro de tercera apreció que Castillo no piso tercera y lo decreta out. Al ser Castillo el tercer out en tercera, la carrera de Pierre tampoco vale así que no se anota ninguna de las dos carreras como válidas.

(b) Cuando la carrera del triunfo sea anotada en la segunda mitad de la última de un juego reglamentario, o en la última mitad de una entrada extra, como resultado de una base por bolas, golpeado el bateador por el lanzamiento o cualquier otra jugada con las bases llenas que obligue al corredor de tercera a avanzar, el árbitro no declarará el juego terminado hasta que el corredor que está obligado a avanzar desde tercera haya tocado el home y el bateador-corredor haya tocado la primera base.

Comentario: Será una excepción si un fanático se precipita dentro del terreno y físicamente impide que el corredor pise el home o que el bateador llegue a primera base. En tales casos el árbitro concederá la base al corredor debido a la obstrucción del fanático. Muchas veces la misma euforia de la victoria

impide que el corredor anote, los árbitros de grandes ligas normalmente conceden la anotación en todos los casos.

Penalidad: Si el corredor de tercera rehusa avanzar y tocar home en un tiempo razonable, el árbitro no admitirá la carrera, declarando out al jugador infractor y ordenará que el juego continúe. Si, con dos outs, el bateador-corredor rehusa avanzar y tocar la primera base, el árbitro no admitirá la carrera, declarando out al infractor, y ordenando que el juego continúe. Si antes de dos outs, el bateador-corredor rehusa avanzar y tocar la primera base, la carrera tendrá validez, pero el jugador infractor será declarado out.

Regla Aprobada: Ninguna carrera se anotará durante una jugada en la cual el tercer out se hace sobre el bateador-corredor antes de que él toque la primera base.

Ejemplo: Con un out, Jeter está en segunda y Rodríguez en primera. El bateador Giambi conecta un hit indiscutible. Jeter anota. Rodríguez es out en tiro al home. Dos outs. Pero Giambi deja de pisar la primera base. Tiran la bola a primera base, y se hace una apelación, y Giambi es declarado out. Tres outs. Puesto que Jeter llegó a home durante una jugada en la cual el tercer out fue hecho sobre el bateador-corredor antes de que él llegara a primera base, la carrera de Jeter no es válida.

Regla Aprobada: Los corredores siguientes no están afectados por un acto de un corredor procedente a menos de que haya dos outs.

Ejemplo: Con un out, Jeter está en segunda, Rodríguez en primera, y el bateador Giambi conecta un cuadrangular dentro del terreno. Jeter deja de pisar la tercera base, en su recorrido hacia el home. Rodríguez y Giambi anotan. El equipo a la defensiva pide la bola y pisa la tercera base, apelando al árbitro, y Jeter es declarado out. Las carreras anotadas por Rodríguez y Giambi son válidas.

Ejemplo: Con dos out, Jeter está en segunda, Rodríguez en primera, y el bateador Giambi conecta un cuadrangular dentro del parque. Los tres corredores llegan a home. Pero Jeter deja de pisar la tercera base y bajo apelación es declarado out. Tres outs. Las carreras de Rodríguez y Giambi son anuladas. No hay anotación en la jugada.

Ejemplo: Un out, Jeter en tercera, Rodríguez en segunda. Giambi conecta fly al jardín central y es out. Dos outs. Jeter anota después de la cogida y Rodríguez anota en un tiro malo a home . Pero Jeter, es out en apelación, por dejar la tercera base antes de la cogida. Tres outs. Nadie anota.

Ejemplo: Con dos outs y las bases llenas, el bateador conecta un cuadrangular sobre la cerca. El bateador, en apelación, es declarado out por dejar de pisar la primera base. Tres outs. Ninguna carrera es válida.

He aquí un exposición general que se aplica:

Cuando un corredor deja de pisar una base y un fildeador sostiene la bola sobre la base que se ha dejado de pisar, o sobre la base originalmente ocupada por el corredor, si una bola de fly es cogida, y se apela la decisión del árbitro, el corredor es out cuando el árbitro sostiene la apelación; todos los corredores pueden anotar si es posible, excepto que con dos outs el corredor es out en el momento que él deja de pisar la base, si la apelación es hecha, también es aplicable a los corredores siguientes.

Ejemplo: Con un out. Jeter está en tercera, Rodríguez en primera, y Giambi es out en fly al jardín derecho. Dos out. Jeter hace el pisa y corre y anota después de la cogida. Rodríguez trata de retornar a primera pero la tirada del jardinero derecho lo pone out en esa base. Tres outs. Sin embargo Jeter había anotado antes de la tirada que puso out a Rodríguez tratando de regresar a primera base, por consiguiente la carrera de Jeter es válida. No hubo jugada forzada.

4.10 (a) Un juego reglamentario consta de nueve entradas, a menos que sea extendido a causa de un empate en la anotación, o acortado (1) a causa deque el home team no necesite su mitad de la novena entrada o solamente una fracción de ella, o (2) a causa de que el árbitro lo declare terminado. **EXCEPCION:** La Liga puede adoptar una regla que estipule que uno o ambos juegos de un doble encuentro tendrán una duración de siete entradas. En tales juegos, cualquiera de estas reglas aplicadas a la novena entrada se aplicará a la séptima entrada.

Comentario: en grandes ligas ambos partidos de un doble juego se juegan las nueve entradas completas.

(b) Si la anotación está empatada después de nueve entradas completas, hasta (1) que el equipo visitador haya anotado en total mayor número de carreras que el home club all finalizar un entrada completa, o (2) cuando el home club anote la carrera del triunfo en una entrada incompleta.

(c) Si un juego es declarado terminado, es un juego reglamentario:

(1) Si cinco entradas han sido completadas;

(2) Si el home club en cuatro entradas o sin haber completado su mitad de la quinta entrada, ha anotado más carreras que las que haya anotado el equipo visitador.

(3) Si el home club anota una o más carreras en su mitad de la quinta entrada para empatar la anotación.

(d) Si cada equipo tiene el mismo número de carreras cuando el juego finaliza, el árbitro declarará "Juego Empatado".

(e) Si un juego es declarado terminado antes de que se convierta en un juego reglamentario, el árbitro lo declarará "juego no Celebrado".

(f) Boletos o comprobantes a causa de la lluvia no tendrán validez para cualquier juego reglamentario o suspendido que haya progresado o ido más allá del punto de las jugadas que se describen en 4.10 (c).

4.11 La anotación de un juego reglamentario es el número total de carreras anotadas por cada equipo en el momento en que el juego finaliza.

(a) El juego finaliza cuando el equipo visitador completa su mitad de la novena entrada, si el home club está adelante en la anotación.

(b) El juego finaliza cuando la novena entrada sea completada, si el equipo visitador se encuentra adelante en la anotación.

(c) Si el home club anota la carrera del triunfo en su mitad de la novena entrada (o en su mitad de una entrada extra después de un empate), el juego finaliza inmediatamente cuando la carrera del triunfo se haya anotado **EXCEPCION:** Si el último bateador en un juego conecta un cuadrangular fuera del terreno de juego, al bateador-corredor y a todos los corredores en base les será permitido anotar, de conformidad con las reglas que gobiernan a los corredores de bases, y el juego finaliza cuando el bateador-corredor toque el home.

(d) Un juego declarado terminado finaliza en el momento en que el árbitro termine el juego.

EXCEPCION: si el juego es declarado terminado mientras una entrada está en progreso y antes de que sea completado, el juego se convertirá en un juego SUSPENDIDO en cada una de las siguientes situaciones:

(1) El equipo visitador ha anotado una o más carreras para empatar la anotación y el home club no ha anotado.

(2) El equipo visitador ha anotado una o más carreras para tomar la delantera y el home club no ha empatado la anotación o no recobra la ventaja.

Las Ligas de la Asociación Nacional pueden también adoptar las siguientes reglas para los juegos suspendidos en adición a la Regla 4.11 (d) (1) y (2) que aparece anteriormente. (Si se adoptara por las Ligas de la Asociación Nacional, la Regla 4.10 (c), (d) y (e) no deberá ser aplicada a estos juegos):

(3) El juego que no se ha convertido en un juego reglamentario (4 ½ entradas con el equipo home club adelante ó 5 entradas empatados o con el equipo visitador adelante o empatado).

(4) Cualquier juego reglamentario empatado en el momento que el juego ha sido detenido a causa del estado del tiempo, un toque de queda o cualquier otra razón.

(5) Si un juego es suspendido antes de convertirse en un juego reglamentario, y es continuado antes de otro juego reglamentariamente programado será limitado a siete entradas.

(6) Si un juego es suspendido después de ser un juego reglamentario ,y es continuado antes de otro juego reglamentariamente programado, el juego reglamentariamente programado será de nueve entradas.

EXCEPCION: Los anteriores incisos (3), (4), (5) y (6) no serán aplicados a los últimos juegos entre dos equipos durante el campeonato o serie extra.

Cualquier juego suspendido no completado antes del último juego del campeonato entre dos equipos, será declarado un juego terminado.

Comentario: La regla es taxativa en cada caso y se aconseja el cumplimiento de la misma en cualquier liga, pero hemos observado que muchas ligas amateur tienen en sus reglamentos normas para cada uno de los apartados anteriores.

4.12 JUEGOS SUSPENDIDOS:

(a) Una Liga adoptará las siguientes reglas estipulando de antemano el completar en una fecha futura los juegos terminados por cualquiera de las siguientes razones:

(1) Un toque de queda impuesto por la Ley.

(2) El tiempo límite que sea lícito autorizado por las reglas de la liga.

(3) Falla en el alumbrado o mal funcionamiento de un equipo mecánico del campo de juego bajo el control del club local. (El

equipo mecánico incluirá encerados, impermeables, o equipos de remover agua);

(4) Por oscuridad, cuando a causa de cualquier ley las luces no podrán ser encendidas.

(5) El estado del tiempo si el juego es declarado terminado mientras una entrada está en progreso y antes de que sea completada, y una de las siguientes situaciones prevalece:

(i) El equipo visitador ha anotado una o más carreras para empatar la anotación y el home club no ha anotado.

(ii) El equipo visitador ha anotado una o más carreras para tomar la delantera, y el home club no empata el juego o no recobra la ventaja.

(b) Dichos juegos serán reconocidos como juegos suspendidos. Ningún juego declarado terminado a causa de un toque de queda, estado del tiempo, o un límite de tiempo serán un juego suspendido a menos de que haya progresado lo suficiente para haber sido un juego reglamentario conforme a las estipulaciones de la Regla 4.10. Un juego declarado terminado conforme a las disposiciones de la Regla 4.12 (a), (3) o (4) será un juego suspendido en cualquier momento después que comience.

NOTA: El estado del tiempo y las condiciones similares-- 4.12 (a) (1 hasta la 5) – tomarán precedencia para determinar si un juego declarado terminado será un juego suspendido. Un juego puede ser considerado un juego suspendido solamente si se detiene por cualquiera de las cinco (5) razones especificadas en la Sección (a). Cualquier juego reglamentario declarado terminado debido al estado del tiempo con la anotación empatada (a menos que la situación subrayada en 4.12 (a) (5) (i) prevalezca) es un juego empatado y será jugado nuevamente desde su comienzo.

(c) Un juego suspendido será reanudado y completado como sigue:

(1) Inmediatamente precediendo al próximo juego sencillo programado entre los dos equipos en el mismo terreno; o

(2) Inmediatamente precediendo al próximo doble juego programado entre los dos equipos en el mismo terreno, si ningún juego sencillo queda programado en el orden de Juegos;

(3) Si se suspende en la última fecha programada entre los dos equipos en esa ciudad, debe transferirse y jugase en los terrenos del equipo contrario, si es posible;

(i) Inmediatamente precediendo al próximo juego sencillo programado, o

(ii) inmediatamente precediendo al próximo doble juego programado, si ningún juego sencillo queda programado en el orden de juegos.

(4) Si un juego suspendido no ha sido reanudado y completado en la última fecha programada entre los dos equipos, será un juego declarado terminado.

(d) Un juego suspendido será reanudado en el punto exacto de la suspensión del juego original. La conclusión de un juego suspendido es la continuación del juego original. La alineación y el orden al bate de ambos equipos será exactamente la misma que la alineación y el orden al bate en el momento de la suspensión, sujeto a las reglas que gobiernan las sustituciones. Cualquier jugador puede ser reemplazado por un jugador que no había estado en el juego antes de la suspensión. Ningún jugador retirado antes de la suspensión puede ser restituido a la alineación.

Un jugador que no estaba con el equipo cuando el juego fue suspendido puede ser usado como sustituto, aun cuando él haya ocupado el lugar de un jugador que ya no está con el equipo el cual no hubiera sido elegible debido a causa de que había sido retirado de la alineación antes de que el juego fuera suspendido.

Si inmediatamente antes de la decisión para que se suspenda un juego, un lanzador sustituto ha sido anunciado pero no ha retirado al equipo al bate o lanzado hasta que el bateador se haya convertido en corredor, dicho lanzador, cuando el juego suspendido sea reanudado posteriormente puede, pero no está obligado a iniciar la parte de dicho juego que se reanuda. Sin embargo, si él no inicia, será considerado como si hubiera sido sustituido y no puede ser utilizado en ese juego.

Comentario: se supone en el caso del juego suspendido que el partido debe seguir realizándose como si fuese el mismo día en el que suspendió, pero las probabilidades de que la situación del roster de los equipo haya variado es muy grande, pues se permite a los manejadores efectuar cambios antes de iniciar la continuación del partido, solo que los jugadores que hayan sido sustituidos durante la realización del partido en su primera parte no podrán retornar al juego. Pero en las ligas de fines de semana, la situación puede llegar a ser de muy difícil control, es por ello que en cada liga se deberá reglamentar según sea el caso de cada liga.

(e) Boletos o comprobantes a causa de la lluvia no tendrán validez para cualquier juego reglamentario o suspendido que haya progresado o ido más allá del punto de las jugadas que se describen en 4.10 (c).

4.13 REGLAS QUE GOBIERNAN LOS DOBLES JUEGOS

(a) (1) Solamente dos juegos de campeonato serán jugados en una misma fecha. La conclusión de un juego suspendido no violará esta regla.

Comentario: es decir se pueden lograr tres resultados en un mismo día la continuación del suspendido y los dos del doble juego. Eso es lo que dice la regla en la práctica esto no es de común aplicación, la realidad es la fijación del juego en otra fecha para ser celebrado solo o como parte de una doble cartelera.

(2) Si dos juegos son programados para ser jugados en una misma fecha por el mismo precio de la entrada, el primer juego será el reglamentario para esa fecha.

(b) Después del comienzo del primer juego de un doble encuentro, ese juego será completado antes de que el segundo juego del doble encuentro pueda comenzar.

(c) El segundo juego de un doble encuentro comenzará veinte minutos después que el primer juego sea completado, a menos de que un intervalo más largo (que no exceda treinta minutos) sea declarado por el árbitro principal y anunciado a los dirigentes a la terminación del primer juego.

EXCEPCION: Si el presidente de la liga ha aprobado una solicitud del home club para un intervalo más largo entre los juegos para algún evento especial, el árbitro principal declarará dicho intervalo más largo, y anunciará a los dirigentes. El árbitro principal del primer juego será el que controle el tiempo del intervalo entre juegos.

Comentario: en las grandes ligas se suelen efectuar dobles juegos con lapsos mucho mayores e incluso en parques diferentes con equipos diferentes como home club. Por la cercanía de los parques y el habitar en una misma ciudad, los Yankees y los Mets han tenido dobles juegos en cada uno de sus parques, así que han jugado un juego por la mañana en Shea stadium y por la noche en Yankee stadium, como parte de una doble cartelera, desde la implantación de los juegos interligas.

(d) El árbitro comenzará el segundo juego de un doble encuentro, si es del todo posible, y el juego continuará tanto tiempo como las condiciones del terreno, o el estado del tiempo, lo permita.

(e) Cuando un doble juego normalmente programado se demora en comenzar por cualquier causa, cualquier juego que sea comenzado, será el primer juego del doble encuentro.

(f) Cuando se vuelva a programar un juego como parte de un doble encuentro, el juego que se ha vuelto a programar será el segundo juego, y el primer juego será el juego reglamentariamente programado para esta fecha.

4.14 El árbitro principal ordenará que las luces del campo de juego sean encendidas cuando en su opinión la oscuridad haga peligroso llevar adelante el juego con la luz del día.

Comentario: en los parques donde no haya alumbrado será necesario suspender el partido por falta de luz, esto sucedía en el Wrigley field de Chicago hasta 1988.

4.15 Un juego puede ser declarado forfeit a favor del equipo contrario cuando un equipo:

(a) Deja de concurrir al terreno, o estando en el terreno, rehusa comenzar el juego dentro de los cinco minutos después que el árbitro haya ordenado "Play" a la hora señalada para el comienzo del juego, a menos que tal demora en concurrir sea, a juicio del árbitro, inevitable;

(b) Emplear tácticas palpablemente destinadas a demorar o acortar el juego;

(c) Rehusa continuar jugando durante un juego, a menos que el juego haya sido suspendido o terminado por el árbitro;

(d) Deja de continuar el juego, después de una suspensión, dentro de un minuto, después que el árbitro haya ordenado "Play";

(e) Después de ser advertido por el árbitro, con toda intención y persistentemente viola cualquiera de las reglas de juego;

(f) Deja de obedecer dentro de un tiempo razonable la disposición del árbitro, a los efectos de retirar a un jugador del juego;

(g) Deja de concurrir al segundo juego de un doble encuentro, dentro de veinte minutos después de la terminación del primer juego a menos que el árbitro principal del primer juego haya extendido el tiempo del intermedio.

4.16 Un juego será declarado forfeit a favor del equipo visitador si, después que ha sido suspendido, las órdenes del árbitro a los cuidadores del terreno no son cumplidas respecto de la preparación del campo para la continuación del juego.

4.17 Un juego será declarado forfeit a favor del equipo contrario cuando un equipo está imposibilitado o rehusa colocar nueve jugadores en el terreno.

Comentario: esto puede suceder al ser expulsada una cantidad de jugadores que imposibilite tener nueve jugadores disponibles.

4.18 Si el árbitro declara un juego por forfeit, él transmitirá un reporte escrito al presidente de la liga dentro de las veinticuatro horas después de eso, pero la falta de tal transmisión no afectará el acto del forfeit.

Comentario: el forfeit será aplicado por lo general a los 20 minutos de la hora fijada si un equipo no se presenta o está incompleto en el terreno. Esto puede variar de acuerdo a las condiciones de cada liga.

Comentarios: Los forfeit tienen muchos baches de conocimiento entre los manejadores y los propios árbitros en ligas amateurs, pero esto se puede hacer: si usted es el manejador del visitador y solo tiene 8 peloteros, entonces hace su line up con nueve peloteros e inicia a batear, entonces comienza su turno de bateo, y solo se cantará el forfeit cuando alcance el turno del jugador no presente o en el momento que toque ir a cubrir al campo cuando no hayan nueve peloteros para ocupar las posiciones.

4.19 JUEGOS PROTESTADOS

Cada liga adoptará las reglas que gobiernan el procedimiento para protestar un juego, cuando un dirigente reclame que la decisión de un árbitro es una violación de estas reglas. Ninguna protesta será jamás permitida sobre las decisiones de juicio emitidas por el árbitro. En todos los juegos protestados, la decisión del Presidente de la Liga será final.

Aunque se mantenga que la decisión protestada infringe las reglas, ninguna reanudación del juego será ordenada a menos que en la opinión del Presidente de la Liga afecte adversamente las oportunidades de ganar el juego del equipo que protesta.

Siempre que un dirigente proteste un juego a causa de haber alegado mala aplicación de las reglas, la protesta no será admitida a menos que los árbitros sean notificados en el momento en que ocurra la jugada bajo protesta y antes que sea realizado el próximo lanzamiento o un corredor sea retirado. Una protesta elevada sobre una jugada con la cual finaliza el juego, puede ser presentada hasta las 12 horas del mediodía del siguiente día en las Oficinas de la Liga.

Comentario: en las grandes ligas, como en muchas otras ligas, el juego tiene que ser protestado en el mismo momento en el que ocurre la falta o al menos durante la realización del partido.

5.00 Poniendo la bola en juego. Bola viva

5.01 A la hora señalada para comenzar el juego el árbitro ordenará "Play".

5.02 Después de que el árbitro ordene "Play" la bola estará viva y en juego y permanecerá viva y en juego hasta que por causa legal, o por la declaración de "Time" del árbitro suspendiendo el juego, la bola se convierte en muerta. Mientras la bola es muerta ningún jugador puede ser puesto out, no se pueden correr las bases y ninguna carrera puede ser anotada, excepto que los corredores pueden avanzar una o más bases como resultado de actos los cuales ocurrieron mientras la bola estaba viva (tales como, pero no limitados a un balk, una mala tirada, interferencia, o un cuadrangular u otro batazo de fair que salga fuera del campo de juego).

Comentario: no en todos los casos la pelota muerta acaba con la jugada de inmediato, el ejemplo clásico es el jonrón, con el la bola queda muerta, pero los jugadores continúan en juego e incluso podría darse un out si es el caso de alguna apelación en las bases. Caso curioso: si una bola se partiera parcialmente en un juego, está en juego hasta que la jugada se complete.

5.03 El lanzador enviará el lanzamiento al bateador el cual puede elegir en tirarle a la bola, o puede no hacerlo, según él prefiera.

5.04 El objetivo del equipo a la ofensiva es procurar que su bateador se convierta en corredor, y que sus corredores avancen.

Comentario: se queda corta la regla el objetivo final es que los corredores avancen y anoten en carrera.

5.05 El objetivo del equipo a la defensiva es evitar que los jugadores de la ofensiva se conviertan en corredores, y evitar su avance en torno a las bases.

5.06 Cuando un bateador se convierte en corredor y toca todas las bases legalmente, él anotará una carrera para su equipo.

Una carrera legalmente anotada no puede ser anulada por la acción posterior del corredor, tales como pero no limitadas a un esfuerzo de retornar a tercera base en creencia que él había abandonado la base antes que una bola de fly haya sido cogida. Esto puede traer suspicacias sobre la legalidad de la carrera pero no es posible regresar a ninguna almohadilla después de anotar en carrera.

5.07 Cuando tres jugadores de la ofensiva sean puestos out, ese equipo ocupa el campo y el equipo contrario se convierte en el equipo a la ofensiva.

5.08 Si una bola tirada accidentalmente toca a un asistente de base, o una bola lanzada o tirada toca a un árbitro, la bola está viva y en juego. Sin embargo, si el asistente interfiere con una bola tirada, el corredor es out.

Comentario: si el árbitro a su sola discreción considera que la interferencia ha sido intencional.

5.09 La bola se convierte en muerta y los corredores avanzan una base, o regresan a sus respectivas bases, sin riesgo de ser puestos out, cuando:

(a) Una bola lanzada le pega a un bateador, o su ropa, mientras está en su posición legal de batear; los corredores, si están forzados, avanzan;

(b) Si el árbitro de home interfiere con el tiro del receptor, los corredores no podrán avanzar.

NOTA: La interferencia será ignorada si la tirada del receptor pone out al corredor.

(c) Un balk es cometido; los corredores avanzan; (<u>Vea 8.05 Penalidad</u>).

(d) Una bola es ilegalmente bateada; los corredores regresan.

(e) Una bola de foul no es cogida; los corredores regresan. El árbitro no pondrá la bola en juego hasta que todos los corredores hayan retocado sus respectivas bases.

(f) Una pelota bateada de fair toca a un corredor o a un árbitro en territorio de fair antes de que toque a un jugador de cuadro incluyendo al lanzador, o toca a un árbitro antes de que haya pasado a un jugador de cuadro, otro que no sea el lanzador.

Si una bola de fair toca a un árbitro que está trabajando por dentro del cuadro después que haya pasado de roletazo o por encima del lanzador, es una bola muerta. Si una bola bateada es desviada por un fildeador en territorio fair y golpea a un corredor o a un árbitro mientras permanece en el aire y después es capturada por un jugador del cuadro, no será una cogida válida, pero la pelota permanecerá en juego.

Si una bola de fair pasa a través, o por un lado de un jugador de cuadro, y toca a un corredor inmediatamente detrás de él, o toca a un corredor después de haber sido desviada por un jugador de cuadro, la bola está en juego y el árbitro no declarará out al corredor. Al hacer tal decisión, el árbitro debe estar convencido que la bola pasó a través, o por un lado del jugador de cuadro y que ningún otro jugador de cuadro tenía la oportunidad de realizar una jugada sobre la bola; los corredores avanzarán si están forzados.

Comentario: la regla no se explica muy bien, trataremos. Cuando una bola le da al corredor es out y la bola queda muerta. Si la bola antes había tocado a un fildeador el corredor no es out y la bola queda viva. Si la bola pasa por debajo de las piernas de un fildeador y le da al corredor, tampoco será out, debido a que la bola le da luego de haber sido cometido un error, para cualquier caso el error sustituye a un out o a la asistencia según sea el caso.

(g) Una pelota lanzada se incrusta en la máscara del árbitro o del receptor o en sus atavíos y queda fuera del juego, los corredores avanzarán una base.

Si un foul tip golpea al árbitro y es cogido por un fildeador en el rebote, la bola es "muerta" y el bateador no podrá ser declarado out.

Lo mismo se aplicará, en los casos en que dicho foul tip se aloje en la careta del árbitro o en otra parte de su equipo.

Si un tercer strike (que no sea un foul tip) pasa al receptor y golpea a un árbitro, la bola está en juego. Si dicha bola rebota y es cogida por un fildeador antes de que toque el terreno, el bateador no es out en la mencionada cogida, pero la pelota permanece en juego y el bateador puede ser retirado en primera base, o tocado con la pelota para ponerlo out.

Si una pelota lanzada se incrusta en la máscara del árbitro o del receptor o en sus atavíos, y queda fuera de juego, sobre el tercer strike o cuarta bola, al bateador se le concederá la primera base y todos los otros corredores avanzarán una base. Si el conteo sobre el bateador es de menos de tres bolas, los corredores avanzarán una base.

(h) Cualquier lanzamiento legal toca a un corredor tratando de anotar; los corredores avanzan.

Comentario: el caso clásico es el del squezze play, la importancia de esto tiene que ver con que la carrera anota y los otros corredores quedarán a riesgo.

5.10 La bola se convierte en muerta cuando un árbitro ordena "Tiempo". El árbitro principal ordenará "Time":

(a) Cuando a su juicio el estado del tiempo, la oscuridad o condiciones similares hagan imposible de inmediato llevar adelante el juego.

(b) Cuando la falla de alumbrado dificulte o imposibilite a los árbitros a seguir la jugada.

Comentario: a pesar de que ningún árbitro puede decretar tiempo en una jugada que se está llevando a cabo, en el caso de que una falla de luz u otro caso de fuerza mayor, podrá detener el juego aunque la jugada no haya finalizado y de acuerdo al caso, la misma será repetida si se recomienza el juego.

NOTA: Una liga puede adoptar sus propias regulaciones para gobernar los juegos interrumpidos por fallas del alumbrado.

(c) Cuando un accidente incapacite a un jugador o a un árbitro;

(1) Si un accidente a un corredor es tal como para impedir que él pueda proseguir a la base a la cual tiene derecho, como en un cuadrangular conectado fuera del terreno de juego, o en la concesión de una o más base, un corredor sustituto será permitido para completar la jugada.

(d) Cuando un dirigente solicite "Time" para una sustitución o para una conferencia con uno de sus jugadores.

(e) Cuando el árbitro desea examinar la bola, consultar con uno u otro dirigente, o por cualquier causa similar;

(f) Cuando un fildeador, después de coger una bola de fly, se cae dentro del banco de los jugadores o gradería, o se cae sobre las sogas dentro de una multitud cuando los espectadores están sobre el terreno. En lo referente a los corredores, prevalecerá lo establecido en la Regla 7.04 (c).

Si un fildeador después de realizar una cogida da unos pasos dentro del banco de jugadores, pero no se cae, la bola está en juego y los corredores pueden avanzar a su propio riesgo.

(g) Cuando un árbitro ordene a un jugador o a cualquier otra persona para que se retire del campo de juego.

(h) Excepto en los casos establecidos en los párrafos (b) y (c) (1) de esta regla, ningún árbitro ordenará "Time" mientras una jugada esté en progreso.

5.11 Después que la bola es muerta, el juego será continuado cuando el lanzador ocupe su posición sobre la goma de lanzar con una bola nueva o la misma bola en su poder y el árbitro de home ordene "Play". El árbitro del hombre ordenará "Play" tan pronto como el lanzador ocupe su lugar sobre la goma con la bola en su poder.

Comentario: es responsabilidad del árbitro ver que cada uno de los jugadores esté en posición de ver la pelota antes de cantar "Play"

6.00- El Bateador

6.01 (a) Cada jugador del equipo a la ofensiva bateará en el orden que su nombre aparezca en el orden al bate de su equipo.

(b) El primer bateador de cada entrada después de la primera entrada será el jugador cuyo nombre siga al del último jugador que legalmente completó su vez al bate en la entrada precedente.

Comentario: es decir, será el primer bateador de la entrada aquel que siga al bateador por cuyo batazo fue efectuado el último out, o que fue puesto out el mismo en la incidencia.

6.02 (a) El bateador ocupará su posición en el cajón de bateo con prontitud, cuando sea su turno al bate.

(b) El bateador no abandonará su posición en el cajón de bateo después que el lanzador llegue a la posición de Set o comience su Windup.

Penalidad: Si el lanzador lanza, el árbitro deberá cantar "Bola" o "Strike" según pueda ser el lanzamiento.

El bateador sale del cajón de bateo a riesgo de que le cuenten strike el lanzamiento, a menos que le pida "Tiempo". El bateador no está en libertad de entrar y salir de la caja de bateo a su voluntad.

Tan pronto como un bateador haya tomado su posición en la caja de bateo, no se le permitirá salir de dicha caja a fin de utilizar el saco de pez rubia o el trapo de alquitrán de pino a menos que haya una demora en el proceso del juego o, a juicio del árbitro, condiciones del tiempo justifiquen una excepción.

Comentario: es importante que se tenga entendido que el árbitro está en la obligación de proteger al bateador, pero esto no puede poner en perjuicio la acción normal de juego ni puede convertirse en una causa de dilación del mismo.

El árbitro no ordenará "Tiempo" a solicitud del bateador o cualquier otro miembro de su equipo, una vez que el lanzador haya iniciado su wind-up o haya llegado a la posición de set aún cuando el bateador reclame que le ha caído "polvo en sus ojos", o que se le han empañado los espejuelos, o que no cogió las señas o por cualquier otra causa.

Los árbitros pueden conceder "Tiempo" a solicitud del bateador una vez que él esté en la caja de bateo, pero el árbitro debe suprimir que los bateadores salgan caminando de la caja de bateo sin razón. Si los árbitros no son indulgentes, los bateadores comprenderán que ellos están dentro de la caja de bateo y que deben permanecer allí hasta que la pelota sea lanzada.

Si el lanzador se demora una vez que el bateador está dentro del cajón, y el árbitro considera que la demora no está justificada, él puede permitirle al bateador que salga momentáneamente de la caja de bateo.

Si después que el lanzador inicia su wind-up o llega a la posición de set con un corredor embasado, no completa su lanzamiento, porque el bateador se salió de la caja de bateo, no se le cantará balk. Los dos, el lanzador y el bateador han infringido una regla y el árbitro ordenará tiempo y tanto el bateador como el lanzador comenzarán de nuevo desde el "principio".

(c) Si el bateador rehúsa ocupar su posición en el cajón de bateo durante su turno al bate, el árbitro le ordenará al lanzador que lance, y declarará "Strike" en cada uno de tales lanzamientos. El bateador puede ocupar su propia posición después de cualquiera de dichos lanzamientos de este tipo y la cuenta regular de bolas y strikes continuará, pero si él no ocupa su propia posición antes que tres strikes sean contados, él será declarado out.

Comentarios: se cuentan los strikes aunque no estén en la zona, es una especie de penalidad para el bateador no para el lanzador.

6.03 La posición legal del bateador será con ambos pies dentro del cajón de bateo.

Regla Aprobada: Las líneas que definen el cajón están dentro del cajón de bateo.

Comentario: esto quiere decir que el bateador pudiera estar parado en las líneas, esto es muy difícil de observar en juego real, pero en la película "The rookie" podemos observar el cumplimiento de esta regla cuando el niño bateador se coloca pisando las líneas y comienza su turno, el turno es totalmente legal, puesto que está dentro de la caja.

6.04 Un bateador ha completado legalmente su turno al bate cuando él es puesto out o se convierta en corredor.

Comentario: a pesar de ser uso común y una práctica de caballerosidad, no es penado que el bateador voltee hacia atrás para ver la señal pasada por el receptor al lanzador.

6.05 Un bateador es out cuando:

(a) Su batazo de fair o foul fly (otro que no sea un foul tip) es legalmente cogido por un fildeador.

(b) Un tercer strike es legalmente cogido por el receptor.

Comentario: "Legalmente cogido" en la mascota del receptor antes de que la bola toque el terreno. No es legal si la bola se aloja en las ropas o atavíos; o si ésta toca al árbitro y es cogida de rebote por el receptor.

Si un foul tip hace contacto primero con la mascota del receptor y la pelota continúa hasta que es cogida contra el cuerpo o protector con ambas manos, antes de que la bola toque el terreno, es un strike, y si fuera el tercero, el bateador es out. Si retiene la bola contra su cuerpo o protector, es una cogida válida siempre que la pelota haga contacto primero con la mascota o con la mano del receptor.

(c) Un tercer strike que no sea cogido por el receptor, cuando la primera base esté ocupada antes de dos outs;

Comentario: esto se considera out forzado.

(d) Él toca la bola de foul sobre el tercer strike;

Comentario: en este caso se anota el ponche al bateador.

(e) Un infield fly es declarado;

(f) Intente batear un tercer strike y la bola le pegue a él;

(g) Su batazo de fair le pegue a él antes de que sea tocado por un fildeador;

(h) Después de batear o tocar una bola de fair, su bate le da a la bola por segunda vez en territorio fair. La bola es muerta y ningún corredor puede avanzar. Si el bateador-corredor deja caer su bate y la bola rueda contra el bate en territorio fair, y a juicio del árbitro no hubo intención de interferir con el curso de la bola, la bola está viva y en juego;

Si un bate se parte y un pedazo del mismo queda dentro del terreno fair hace contacto con una bola bateada o parte de dicho bate golpea a un corredor o fildeador, la jugada continuará y ninguna interferencia será declarada. Si la bola bateada hace contacto con un pedazo de bate partido en territorio foul, es una bola de foul.

Comentario: a pesar de que este comentario no tienen nada que ver con el contenido es este aparte, el árbitro principal deberá revisar los bates cada vez que uno de ellos se parta, con la intención de revisar la existencia de algún material ilegal en el mismo.

Si un bate entero se tira dentro del territorio fair e interfiere a un jugador de la defensiva que trata de realizar una jugada, será declarada interferencia, ya sea intencional o no.

En los casos en que el casco de bateo accidentalmente haga contacto con una bola bateada o tirada, la pelota permanece en juego lo mismo que si no hubiera chocado con el casco protector.

Si una bola bateada hace contacto con un casco de bateo o con cualquier otro objeto ajeno a los naturales del terreno mientras que está sobre territorio foul, es una pelota de foul y la bola es muerta.

Si, a juicio del árbitro, hay un intento por parte del corredor de interferir con una bola bateada o tirada , dejando caer el casco o tirándoselo a la pelota, entonces dicho corredor sería out, la bola es muerta y los demás corredores regresarían a la última base que legalmente tocaron.

(i) Después de batear o tocar una bola de foul él intencionalmente desvía el curso de la bola en cualquier forma mientras corre hacia primera base, la pelota es muerta y ningún corredor puede avanzar,.

Comentario: la intencionalidad queda a potestad del árbitro

(j) Después de un tercer strike o después de conectar un batazo de fair, él o la primera base sea tocada antes que él toque dicha base.

Comentario: leyendo bien nos damos cuenta que aquí es donde queda claro que el corredor es safe si llegan antes o al mismo tiempo que la pelota a primera base.

(k) Al correr la última mitad de la distancia entre el home y la primera base, mientras la bola está siendo capturada en primera base, él corre por fuera (hacia la derecha) de la línea de tres pies (91.4 cm), o por dentro (hacia la izquierda) de la línea de foul, y a juicio del árbitro al hacer eso interfiere con el fieldeador que está recibiendo la tirada en primera base excepto que él puede correr por fuera (hacia la derecha) de la línea de tres pies; o por dentro (hacia la izquierda) de la línea de foul para evadir a un fildeador que trata de capturar una bola bateada.

(l) Un jugador de cuadro deja caer intencionalmente un fly de fair o un batazo de línea, con la primera, primera y segunda, primera y tercera o primera, segunda y tercera base ocupadas antes de dos outs, la bola es muerta y el corredor o corredores retornarán a su base o sus bases originales.

Regla Aprobada: En esta situación, el bateador no es out si el jugador de cuadro permite que la bola caiga al suelo sin ser tocada, excepto cuando la regla de Infield fly se aplique.

(m) Un corredor precedente que, a juicio del árbitro, interfiere intencionalmente con un fildeador que está tratando de coger una bola tirada o tirar una bola en un intento de completar cualquier jugada;

El objetivo de esta regla es penalizar el equipo de la ofensiva por la deliberada injustificada acción antideportiva del corredor al salirse de la línea de base con el evidente propósito de chocar con el jugador que pivotea en un doble play, más bien de tratar de llegar a la base. Evidentemente ésta es una jugada de juicio del árbitro.

(n) Con dos outs, un corredor en tercera base y dos strikes sobre el bateador, el corredor intenta el robo el home en un lanzamiento legal y la bola toca al corredor en la zona de strike del bateador. El árbitro declarará el "Tercer Strike", el bateador es out y la carrera no contará; antes de dos outs, el árbitro declarará el "Tercer Strike", la bola es muerta y la carrera cuenta.

6.06 Un bateador es out por una acción ilegal, cuando:

(a) Él conecta la bola con uno o ambos pies sobre el terreno completamente fuera del cajón del bateador.

Comentario: Un caso interesante es el de Hank Aaron en 1965, el cual pudo haber llevado su récord de jonrones de por vida a 756.

Hank conectó un cuadrangular ante el lanzador Curt Simon, cuando el receptor Bob Uecker le señaló al árbitro principal, Frank Puli, que Aaron tenía un pié fuera del cajón de bateo, Puli lo decretó out inmediatamente.

Si un bateador conecta una bola de fair o de foul mientras esté fuera del cajón del bateador, él será declarado out. Los árbitros deben prestar particular atención a la posición de los pies del bateador si él intenta conectar la bola mientras está siendo pasado intencionalmente. Un bateador no puede saltar o salirse del cajón del bateador y conectar la bola.

Comentario: esto suele suceder cuando algunos bateadores tratan de tocar la bola de sorpresa, sobre todo los zurdos que dragan la bola en plena carrera.

(b) Se cambia de un cajón de bateo hacia el otro mientras el lanzador está en posición preparado para lanzar.

Comentario: solo se permite un cambio de mano, tanto para el bateador como para el lanzador.

(c) Él interfiere con el fildeo o la tirada del receptor saliendo del cajón de bateador o haciendo cualquier otro movimiento que impida la jugada del receptor en home.

EXCEPCION: El bateador no es out si cualquier corredor tratando de avanzar es puesto out, o si el corredor tratando de anotar es declarado out, por la interferencia del bateador.

Si un bateador interfiere al receptor, el árbitro del home declarará "interferencia". El bateador es out y la bola es muerta. Ningún jugador puede avanzar en dicha interferencia (interferencia-ofensiva), y todos los corredores deben regresar a la última base que, a juicio del árbitro, fue legalmente tocada en el momento de la interferencia.

Sin embargo, si el receptor realiza una jugada y un corredor tratando de avanzar es puesto out, tiene que suponerse que en realidad no hubo interferencia y que dicho corredor es out y no el bateador. Todos los demás corredores en base en ese momento pueden avanzar ya que la es en realidad que no hay interferencia si un corredor es retirado. En ese caso la jugada prosigue exactamente como si no hubiera sido declarada la infracción.

Si un bateador le tira a la bola y falla y el swing es tan duro que le hace elevar el bate alrededor en todo su recorrido y, a juicio del árbitro, sin intención golpea al receptor o hace contacto con la bola por detrás de él antes de que el receptor la haya asegurado en sus manos, será declarado únicamente strike (no interferencia). Sin embargo la pelota estará muerta, y ningún corredor avanzará en la jugada.

(d) Él emplea o intenta utilizar un bate que, a juicio del árbitro, ha sido alterado o con el propósito específico de alterarlo en tal forma que aumente el factor de distancia o cause una reacción extraña en la pelota. Esto incluye, bates que sean rellenados, de superficie aplanada, bates clavados, con la madera hundida, con ranuras o injertados, o cubiertos con sustancias tales como parafina, cera, etc.

Comentario: tal y como sucedió con el caso de Sammy Sosa en el 2003, la intencionalidad se demuestra al intentar batear con el bate ilegal, a pesar de todas las explicaciones que Sosa diera, no pudo negar la intención de romper la norma.

No será permitido ningún avance en las bases y cualquier out u outs realizados durante una jugada se mantendrán.

Además de ser declarado out, el jugador será expulsado del juego y puede estar sujeto a penalidades adicionales según lo determine el Presidente de la Liga.

6.07 BATEANDO FUERA DE TURNO

(a) Un bateador será declarado out, en apelación, cuando él deje de batear en su propio turno, y otro bateador complete una vez al bate en su lugar.

Comentario: nunca he entendido esta regla, se castiga al bateador que perdió su turno y no al que batea fuera de orden, me diera la impresión que se castiga al que no se debe, esto ha generado que en algunas ligas aficionadas algunos manejadores vivos "salten" a un mal bateador para evitar la posibilidad de un doble play y darle la oportunidad a un menor bateador.

(1) El bateador propio puede ocupar su lugar en el cajón de bateo en cualquier momento antes de que el bateador impropio se

convierta en corredor o sea puesto out, y todas bolas y strikes le serán acreditadas a la vez al bate al bateador propio.

Comentario: que lío, en realidad lo que se dice es que toda la cuenta va a el bateador al que le corresponde consumir el turno y no al que está fuera de orden.

(b) Cuando un bateador impropio se convierte en corredor o es puesto out, el equipo de la defensiva apela al árbitro, antes del primer lanzamiento al próximo bateador de uno u otro equipo, o antes de cualquier jugada o intento de jugada, el árbitro declarará (1) out al bateador propio; y (2) anulará cualquier avance o anotación hecha a causa de una bola bateada por el bateador impropio o a causa del avance del bateador impropio a primera base por un hit, un error, una base por bolas, golpeado por un lanzamiento o de cualquier otro modo.

Comentario: debe apelarse antes de que el equipo al campo abandone el terreno al terminar el inning.

NOTA: Si un corredor avanza, mientras el bateador impropio está al bate, por una base robada, balk, wild pitch, o passed ball, tal avance es legal.

(c) Cuando un bateador impropio se convierte en corredor o es puesto out, y se ha hecho un lanzamiento al próximo bateador de uno u otro equipo, antes de que una apelación sea hecha, el bateador impropio de ese modo se convierte en bateador propio, y los resultados de su vez al bate se hacen legal.

(d) (1) Cuando el bateador propio es declarado out a causa de que ha dejado de batear en su turno, el próximo bateador será el bateador cuyo nombre siga al del bateador propio así declarado out; (2) Cuando un bateador impropio se convierte en bateador propio a causa de que ninguna apelación se ha hecho antes del próximo lanzamiento, el próximo bateador será el bateador cuyo nombre siga al del bateador impropio de ese modo legalizado. Desde el instante que las acciones del bateador impropio son legalizadas, el orden al bate se continúa con el nombre siguiente al del bateador impropio legalizado.

El árbitro no llamará la atención a ninguna persona del hecho de la presencia en el cajón del bateador de un bateador impropio. Esta regla tiene el objetivo de demandar la constante vigilancia de los jugadores y dirigentes de ambos equipos.

Comentario: se queda corta la regla, no solo el árbitro no dirá nada, sino que el anotador queda sujeto a la misma norma.

Hay que tener en cuenta dos principios básicos: cuando un bateador batea fuera de turno, el bateador propio es el jugador que se declara out. Si un bateador impropio batea y alcanza una base o es puesto out, y no se hace ninguna apelación antes de un lanzamiento al próximo bateador, o antes de cualquier jugada o intento de jugada, se considera que ese bateador impropio ha bateado en su propio turno y establece el orden que se tiene que seguir.

REGLAS APROBADAS

Para ilustrar las distintas situaciones que surgen al batear fuera de turno, vamos a suponer que en la primera entrada el orden al bate es como sigue:

González – Linares - Hernández - Cuevas - Echevarría - Valdés - García - Rodríguez - Guerra.

JUGADA (1): Linares batea. Con la cuenta de 2 bolas y 1 strike, (a) el equipo a la ofensiva descubre el error o (b) el equipo a la defensiva apela.

Reglamentación: en uno u otro caso, González reemplaza a Linares, con la cuenta para él de 2 bolas y 1 strike.

JUGADA (2): Linares conecta un doble. El equipo de la defensiva apela (a) inmediatamente o (b) después de un lanzamiento a Hernández.

Reglamentación: (a) González es declarado out y Linares es el bateador propio; (b) Linares permanece en segunda y Hernández es el bateador propio.

JUGADA (3): González recibe la base por bolas. Linares también recibe la base por bolas. Hernández fuerza a Linares. Echevarría batea en el turno de Cuevas. Mientras Echevarría está al bate, González anota y Hernández va a segunda por un wild pitch. Echevarría batea un roletazo y es out enviando a Hernández a tercera. El equipo a la defensiva apela (a) inmediatamente o (b) después de un lanzamiento a Cuevas.

Reglamentación: (a) la carrera de González es válida y Hernández tiene derecho a la segunda base ya que esos avances no fueron hechos a causa de la bola bateada por el bateador impropio en su avance hacia primera base. Hernández debe retornar a segunda base a causa de que su avance a tercera fue como resultado de la bola bateada por el bateador impropio. Cuevas es declarado out, y Echevarría es el bateador propio; (b) la carrera de González es válida y Hernández permanece en tercera. El bateador propio es Valdés.

JUGADA (4): Con las bases llenas y dos outs. Rodríguez batea en el turno de Valdés y conecta un triple, impulsando tres carreras. El equipo a la defensiva apela (a) inmediatamente a (b) después de un lanzamiento a García.

Reglamentación: (a) Valdés es declarado out y ninguna carrera se anota. García es el bateador propio para abrir la segunda entrada; (b) Rodríguez permanece en tercera y anotan tres carreras. Guerra sería el bateador propio.

JUGADA (5): Después de la jugada (4) (b) más arriba mencionada, García continúa al bate. (a) Rodríguez es sorprendido en tercera para el tercer out, o (b) García batea de fly y es out, y no se hizo ninguna apelación. ¿Quien es el bateador propio para abrir la segunda entrada?

Reglamentación: (a) Guerra. Él se convirtió en el bateador propio tan pronto como el primer lanzamiento a García legalizó el triple de Rodríguez; (b) Rodríguez. Cuando no se hizo ninguna apelación, el lanzamiento al bateador que abrió la entrada del equipo contrario legalizó la vez al bate de García.

JUGADA (6): Cuevas recibe la base por bolas y González viene a batear. Cuevas era un bateador impropio, y si se hace una apelación antes del el primer lanzamiento a González, González es out, Cuevas es retirado de la base y Linares es el bateador propio. No hay reclamación y se le hizo lanzamiento a González. La base por bolas a Cuevas se legaliza ahora, y Echevarría de ese modo se convierte en el bateador propio. Echevarría puede reemplazar a González en cualquier momento antes de que González sea puesto out o se convierta en corredor. Él no lo hizo, González conecta un fly y es out, y Linares viene a batear. González era un bateador impropio, y si se hace una apelación antes del primer lanzamiento a Linares, Echevarría es out, y el bateador propio es Valdés. No hay apelación, y se le hace un lanzamiento a Linares. El out de González está legalizado ahora, el bateador propio es Linares. Linares recibe la base por bolas. Hernández es el bateador propio. Hernández conecta un fly y es out. Ahora Cuevas es el bateador propio, pero él está en segunda base. ¿Quien es el bateador propio?

Reglamentación: El bateador propio es Echevarría. Cuando el bateador propio está en base, se pasa sobre él, y el siguiente bateador se convierte en el bateador propio.

6.08 El bateador se convierte en corredor y adquiere el derecho a la primera base sin riesgo de ser puesto out (con tal que él avance y toque la primera base), cuando:

(a) Cuatro "bolas" hayan sido declaradas por el árbitro.

Un bateador que tiene derecho a la primera base en razón de una base por bolas, debe ir a primera base y pisar la almohadilla antes que los otros corredores estén forzados a avanzar. Esto se aplica cuando las bases están llenas y cuando un corredor sustituto entra en juego.

Si durante ese avance, el corredor de bases piensa que hay una jugada y él se desliza pasándose de la almohadilla antes o después de pisarla, puede ser puesto out si un fildeador lo toca. base a la cual tiene derecho e intenta avanzar más allá de esa base podrá ser puesto out, si él o la base que ha dejado de pisar es tocada por un fildeador.

(b) Es tocado por un lanzamiento al cual él no intenta tirarle a menos que (1) la bola esté en la zona de strike cuando toca al bateador; o (2) el bateador no hace intento para evitar ser tocado por la pelota.

Si la bola está en la zona de strike cuando golpea al bateador, ésta será declarada strike, a pesar de que el bateador haga intento o no para evitar ser tocado por la bola. Si la bola se encuentra fuera de la zona de strike cuando toca al bateador, ésta será declarada bola si él no hace intento para evitar ser tocado.

REGLA APROBADA: Cuando el bateador es tocado por un lanzamiento el cual no le concede el derecho a la primera base, la bola es muerta y ningún corredor puede avanzar.

(c) El receptor o cualquier fildeador interfiere con él. Si una jugada sigue a la interferencia, el

dirigente del equipo a la ofensiva puede notificar al árbitro de home que él elige renunciar a la penalidad de la interferencia y acepta la jugada. Dicha elección será hecha inmediatamente al final de la jugada. Sin embargo si el bateador alcanza la primera base por un hit, un error, una base por bolas, golpeado por el lanzamiento, o de otro modo, y todos los otros corredores avanzan por lo menos una base, la jugada prosigue sin tener en cuenta la interferencia.

Comentario: Jugadores como César Tovar o Pete Rose han ocasionado gran cantidad de interferencias de receptores al chocar sus bates las mascotas de los receptores contrarios, muchas veces con toda la intención, alargando su posición al bate hacia atrás para acercarse más a los receptores. En este caso el bateador se gana la primera almohadilla por la interferencia, en caso de estos bateadores, esta práctica les resultó en gran medida.

Si una interferencia del receptor es declarada durante una jugada en progreso, el árbitro permitirá que la jugada continúe porque el dirigente puede elegir el aceptar dicha jugada. Si el bateador-corredor deja de tocar la primera base, o un corredor no pisa la próxima base, él será considerado como el haber alcanzado dicha base, según lo establecido en la Nota de la Regla 7.04 (d).

Ejemplos de jugadas en las que el dirigente pudiera elegir por tener éxito:

1. Corredor en tercera, un out, el bateador conecta un batazo de fly a los jardines sobre el cual el corredor de tercera anota, pero fue declarada una interferencia del receptor. El dirigente del equipo a la ofensiva puede seleccionar el aceptar la carrera y permitir que el bateador sea puesto out o dejar el corredor permanezca en la tercera y se le concede la primera base al bateador por la interferencia

2. Corredor en segunda base. El receptor interfiere al bateador cuando éste toca la bola perfectamente enviando a tercera base al corredor de segunda. El dirigente del equipo en vez de tener un corredor en tercera con un out en la jugada, puede elegir para tener corredores en primera y segunda sin outs.

En situaciones donde el dirigente se decide por la aplicación de la "interferencia", las siguientes interpretaciones de la regla 6.08 (c) serán hechas:.

Si el receptor (o cualquier fildeador) interfiere al bateador se le concede la primera base a dicho bateador. Si sobre la referida interferencia un corredor está tratando de anotar desde tercera mediante un robo o un squeeze play la bola es muerta y el corredor de tercera anota, y al bateador se le concede la primera base. Si el receptor interfiere al bateador sin que un corredor esté tratando de anotar desde tercera en una jugada de robo o de squeeze play, entonces la bola es muerta, al bateador se le concede la primera base y avanzarán los corredores que estén obligados a hacerlo. Los corredores que no hayan intentado el robo o no estén forzados a avanzar, permanecerán sobre la base que ellos ocupaban en el momento de la interferencia.

Si el receptor interfiere al bateador antes de que el lanzador realice su lanzamiento, no será considerado interferencia sobre el bateador de acuerdo con la Regla 6.08 (c). En tales casos el árbitro contará "Tiempo" y el lanzador y el bateador comenzarán nuevamente desde el "principio".

(d) Una bola de fair toca a un árbitro o a un corredor en territorio de fair antes de ser tocada por un fildeador.

Si una bola de fair, toca a un árbitro después de haber pasado a un fildeador otro que no sea el al lanzador, o habiendo tocado a un fildeador, incluyendo el lanzador, la bola está en juego.

6.09 El bateador se convierte en corredor cuando:

(a) Batea una bola de fair;

(b) El tercer strike declarado por el árbitro no es cogido, con tal que (1) la primera base esté desocupada, o (2) la primera base esté ocupada con dos outs.

Cuando un bateador se convierte en corredor de bases, sobre un tercer strike que no ha sido retenido por el receptor y sale hacia el banco, o a ocupar su posición en el campo, y después de darse cuenta de su situación ha de llegar a la inicial, no es out a menos que él o la almohadilla de primera base sean tocados antes de que él alcance dicha base. Sin embargo, si él llega al banco o a los escalones del mismo, entonces no puede ir a la primera base y será out.

(c) Una bola de fair, después que haya pasado a un fildeador otro que no sea el lanzador, o después de haber sido tocada por un fildeador, incluyendo el lanzador, toque a un árbitro o un corredor en territorio de fair;

(d) Una bola de fair de fly pasa sobre la cerca o hacia dentro de las graderías a una distancia de home de 250 pies (76,20 m) ó más. Tal batazo le concede el derecho al bateador a un cuadrangular cuando el haya tocado legalmente todas las bases. Una bola de fair de fly que pase hacia afuera del campo de juego en un punto menor de 250 (76,20 m) pies del home, le concederá el derecho al bateador de avanzar hasta la segunda base solamente;

Comentario: si el terreno no tiene al menos 250 pies de largo, no será considerado jonrón, es por ello que el las Series de Caribe del 90 y 91, jugadas en Miami, tuvo que aplicarse esta

regla por las condiciones del terreno que siendo de fútbol americano, fue habilitado a medias para la práctica del beisbol. Entonces se hizo un reglamento aparte para este campeonato.

(e) Una bola de fair, después de haber tocado el terreno, rebota hacia dentro de las graderías, o pasa a través, sobre o por debajo de una cerca, o a través o por debajo de una pizarra de anotación, o a través o por debajo de arbustos, o enredaderas en la cerca, en cuyo caso al bateador y a los corredores les será concedido el derecho de avanzar dos bases;

Comentario: la norma otorga dos bases y debe ser cumplida, pero pueden agregarse a ella cualquier accidente del terreno u objeto que intervenga con el fildeo de la bola bateada. Otra contradicción de la regla tiene que ver con el doble por reglas y es que cuando este batazo se conecta con corredor en tercera base para dejar en el terreno al equipo contrario, se convierte en hit por reglas, debido a que el batazo muere cuando la carrera de dejar en el terreno al equipo contrario es anotada.

(f) Cualquier bola de fair, ya sea antes o después de haber tocado el terreno, pase a través o por debajo de una cerca, o a través o por debajo de una pizarra de anotación, o a través de cualquier abertura en la cerca o pizarra de anotación, o a través o por debajo de arbustos, o enredaderas en la cerca, o a la cual se incruste en la cerca o pizarra anotadora, en cuyo caso al bateador y a los corredores les será concedido el derecho a dos bases;

(g) Cualquier bola de fair que al rebotar sea desviada por un fildeador hacia las graderías, o sobre o por debajo de una cerca en territorio de fair o foul, en cuyo caso al bateador y a todos los corredores les será concedido el derecho de avanzar dos bases;

(h) Cualquier bola de fair de fly que sea desviada por un fildeador hacia dentro de las graderías, o sobre la cerca hacia territorio de foul, en cuyo caso al bateador le será concedido el derecho de avanzar a segunda base; pero si es desviada hacia dentro de las graderías o sobre la cerca, en territorio de fair, al bateador le será concedido el derecho a un cuadrangular. Sin embargo, habiendo sido desviada dicha bola de fair de fly en un punto a menos de 250 pies (76,20 m) del home, al bateador le será concedido el derecho a dos bases solamente.

Comentario: también se puede conectar un jonrón por desvío de un jugador a la defensa, ¿se acuerdan de la bola que le dio en la cabeza a José Canseco en el 93 y se convirtió en jonrón?

6.10 Cualquier liga puede elegir el uso de la Regla del Bateador Designado.

(a) En el caso de campeonatos entre equipos de una ligas que utilicen la Regla del Bateador Designado y equipos de otra liga que no utilizan dicha regla, será aplicada de la manera siguiente:

(1) En Series Mundiales o en juegos de exhibición, la regla será aplicada o no, de acuerdo con la costumbre del equipo local.

(2) En Juegos de Todos Estrellas, la regla será utilizada únicamente por acuerdo de ambos equipos y de las dos ligas.

(b) La regla prevé lo siguiente: Un bateador puede ser designado en cualquier juego para batear por el lanzador abridor y todos los lanzadores subsiguientes sin que por lo demás afecte la función relativa al lanzador o lanzadores en el juego. Un Bateador Designado por el lanzador debe ser seleccionado antes del juego y tiene que ser incluido en los modelos del orden al bate que se entregan al árbitro principal.

Comentario: si no se coloca el bateador designado en el line up inicial del encuentro, no podrá ser incluido posteriormente.

El Bateador Designado señalado en el orden al bate inicial debe venir a batear por lo menos una vez a menos que el club contrario cambie los lanzadores.

No es obligatorio para un equipo designar un bateador por el lanzador, pero al dejar de hacer eso antes del juego excluye el uso de un Bateador Designado para ese juego.

Se puede utilizar bateadores emergentes por un Bateador Designado. Cualquier bateador que sustituya a un Bateador Designado se convierte en el propio Bateador Designado. Un Bateador Designado que sea sustituido no podrá entrar de nuevo al juego para realizar ningún tipo de función.

El Bateador Designado puede ser utilizado defensivamente, y continuar bateando en el mismo turno del orden al bate, pero entonces el lanzador tiene que batear en el lugar del jugador defensivo sustituido, a menos de que se haga más de una sustitución, y entonces el dirigente del equipo tenga que señalar sus lugares correspondientes en el orden al bate.

Un corredor puede ser sustituto del Bateador Designado y dicho corredor asume el carácter del Bateador Designado. Un Bateador Designado no puede ser utilizado como corredor emergente.

Un Bateador Designado está "entrelazado" en el orden al bate. No se puede realizar sustituciones múltiples, que puedan alterar la rotación en el bateo del Bateador Designado.

Una vez que el lanzador del juego sea cambiado desde el montículo a una posición defensiva, este movimiento terminará con el carácter del Bateador Designado por el resto del juego.

Una vez que el bateador emergente batee por cualquier jugador del orden al bate y después entre al juego para lanzar, este movimiento terminará con el carácter del Bateador Designado por el resto del juego.

Una vez que el lanzador del juego batea por el Bateador Designado, este movimiento terminará con el carácter de dicho Bateador Designado por el resto del juego. (El lanzador del juego puede batear de emergente únicamente por el Bateador Designado).

Una vez que un Bateador Designado asume una posición defensiva, este movimiento terminará con el carácter de dicho Bateador Designado por el resto del juego. Un sustituto por el

Bateador Designado no necesita ser anunciado hasta que le corresponda el turno al bate a dicho Bateador Designado.

7.00 El Corredor

7.01 Un corredor adquiere el derecho a una base desocupada cuando la toca antes de que sea puesto out. El corredor entonces tiene derecho a la base hasta que sea puesto out, o forzado a dejarla vacante por otro corredor con derecho legal a esa base.

Si un corredor adquiere legalmente el derecho a una base, y el lanzador asume su posición de lanzar, el corredor no puede retornar a una base previamente ocupada.

Comentario: como establecimos en la regla 6.05 se establece que el corredor deberá llegar antes o al mismo tiempo que la pelota a primera.

7.02 Al avanzar, un corredor tocará la primera, segunda, tercera y el home en su orden. Si es forzado a retornar, él deberá retocar todas las bases en orden inverso a menos que la pelota esté muerta bajo cualquiera de las previsiones de la Regla 5.09. En tales casos, el corredor puede ir directamente a su base original.

7.03 Dos corredores no pueden ocupar una base, pero si, mientras la bola está viva, dos jugadores están tocando una base, el corredor siguiente será out, cuando sea tocado. El corredor precedente tiene derecho a la base.

Comentario: Quiere decir que tiene derecho a la base el corredor tiene la posesión. Quiere decir que si dos corredores llegan a la misma base el que iba de esa base a la siguiente es quien tiene la posesión, el otro corredor, de ser tocado será puesto out. En ningún caso serán out ambos corredores mientras ambos la estén pisando.

7.04 Cada corredor, con excepción del bateador, puede sin riesgo de ser puesto out, avanzar una base cuando:

(a) Haya un balk;

(b) El avance del bateador, sin riesgos de ser puesto out, obligue al corredor a dejar vacante su base, o cuando el bateador conecte un batazo de fair y la bola toque a otro corredor o al árbitro, antes de que dicha bola haya sido tocada por, o haya pasado a un fildeador, si el corredor está forzado a avanzar.

Un corredor forzado a avanzar sin riesgo de ser puesto out puede avanzar más allá de la base a la cual tiene derecho únicamente a su riesgo. Si dicho corredor, forzado a avanzar, es puesto out para el tercer out antes que un corredor precedente también forzado a avanzar, toque el home la carrera se anotará.

Jugada: Dos outs, bases llenas, el bateador recibe base por bolas pero el corredor de segunda por exceso de agresividad corre y se pasa de la tercera base hacia el home y es puesto out en el tiro del receptor. Aun cuando hay dos outs, la carrera se anotaría, sobre la teoría de que dicha carrera estaba forzada en home por la base por bolas y todo lo necesitaban que hacer los corredores era avanzar y pisar la siguiente base.

(c) Un fildeador, después coger una bola de fly, se cae dentro del banco o gradería, o se cae al otro lado de las sogas dentro de la multitud, cuando están los espectadores sobre el terreno;

Un fildeador o receptor puede llegar a dar un paso dentro del banco, o ir dentro del banco con uno o con ambos pies para realizar una cogida, y si él retiene la pelota el fildeo será admitido. La pelota está en juego.

Si el fildeador o receptor, después de haber hecho la cogida legal, se cayera dentro de la gradería o entre los espectadores o dentro del banco después de realizar dicho fildeo, o sea cae mientras está dentro del banco después de realizar la cogida, la bola es muerta y los corredores avanzan una base sin riesgo de ser puestos out.

(d) Mientras el corredor está intentando el robo de una base, el bateador es interferido por el receptor o por cualquier otro fildeador.

Comentario: en este caso ambos, tanto el corredor, como el bateador-corredor avanzan una base.

NOTA: Cuando un corredor adquiere el derecho a una base sin riesgo de ser puesto out mientras la pelota esté en juego, o bajo cualquier regla en la cual la bola esté en juego después que el corredor llega a la base a la cual tiene derecho, y el corredor deja de tocar la base a la cual él adquirió el derecho antes de intentar avanzar a la siguiente base, el corredor perderá su extinción del riesgo de ser puesto out y puede ser retirado tocando la base o tocando el corredor antes de que regrese a la base que ha dejado de tocar.

7.05 Cada corredor incluyendo al bateador-corredor, puede, sin riesgo de ser puesto out, avanzar cuando:

(a) A home, anotando una carrera si una bola de fair sale de aire fuera del terreno y el corredor toca legalmente todas las bases; o si una bola de fair la cual, a juicio del árbitro, hubiera salido de aire fuera del terreno, es desviada por el acto de un fildeador de tirarle su guante, la gorra o cualquier artículo de su uniforme;

(b) Tres bases, si un fildeador deliberadamente toca a una bola de fair con su gorra, careta o con cualquier parte de su uniforme separado de su propio lugar en su persona. La bola está en juego y el bateador puede avanzar hasta home a su riesgo;

Comentario: la intencionalidad en este caso tiene que ser manifiesta. Mientras que los implementos de los defensores son considerados como "agresores" en esta regla, pero no así los implementos del corredor, como su caso o zapatos, si la bola diera en el caso o un zapato caídos de un corredor, el objeto se considerará parte del terreno, y la bola sigue viva y los corredores continúan a riesgo.

(c) Tres bases, si un fildeador deliberadamente le tira su guante y toca una bola de fair. La bola está en juego y el bateador puede avanzar hasta home, a su riesgo.

(d) Dos bases, si un fildeador deliberadamente toca una bola tirada con su gorra, careta o con cualquier parte de su uniforme separado de su propio lugar en su persona. La bola está en juego.

(e) Dos bases, si un fildeador deliberadamente le tira su guante y toca una bola tirada. La bola está en juego.

Al aplicarse (b-c-d-e) de esta regla el árbitro debe tener en cuenta que la tirada del guante, la careta, o la gorra separada de su propio lugar, debe tocar la bola. No hay penalidad si la bola no es tocada.

(c-e) esta penalidad no será invocada en contra de un fildeador cuyo guante se lo lleven de su mano por la fuerza de una bola bateada o tirada, o cuando su guante se le sale de la mano hacia arriba cuando hace un esfuerzo evidente para realizar una legítima cogida.

(f) Dos bases, si una bola de fair salta o es desviada hacia dentro de las graderías por fuera de las líneas de foul de primera y tercera base; o si pasa a través o por debajo de una pizarra de anotación, o a través o por debajo de arbustos o enredaderas en la cerca; o si se incrusta en dicha cerca, pizarra de anotación, arbustos o enredaderas;

(g) Dos bases cuando, con ningún espectador dentro del terreno de juego, una bola tirada cae dentro de las graderías, o dentro del banco de los jugadores (ya sea que la bola rebote o no dentro del terreno), o sobre o por debajo, o a través de una cerca del terreno, o en la parte sesgada de la malla sobre el backstop, o que se quede en la malla de la tela metálica que protege a los espectadores. La pelota es muerta. Cuando la mala tirada es la primera jugada realizada por un jugador del cuadro, el árbitro, al conceder las bases que correspondan, se regirá por la posición de los corredores en el momento en que la bola fue lanzada; en todos los otros casos el árbitro se regirá por la posición de los corredores en el momento en que fue hecha la mala tirada.

REGLA APROBADA: Si todos los corredores, incluyendo al bateador-corredor, han avanzado por lo menos una base cuando un jugador de cuadro realiza una mala tirada en la primera jugada después del lanzamiento, la concesión bases estará regida por la posición de los corredores cuando fue hecha la mala tirada.

En ciertas circunstancias es imposible adjudicarle dos bases a un corredor. Ejemplo: Corredor en primera. El bateador conecta un hit de fly al territorio corto del jardín derecho. El corredor se detiene entre primera y segunda y el bateador que ha doblado por primera arranca detrás de él. La bola cae sin inconveniente alguno. El jardinero al tirar a primera base mete la bola dentro de las graderías.

REGLA APROBADA: Desde el momento que ningún corredor, cuando la bola está muerta, puede avanzar más allá de la base a la cual él tiene derecho, el corredor que estaba originalmente en primera va a tercera base y el bateador se mantiene en segunda base.

El término "cuando se realiza un tiro malo" quiere decir cuando en realidad el tiro sale de la mano del jugador y no cuando la bola tirada hace contacto con el terreno, pasa al fildeador que trata de recibirla o sale fuera de juego al caer dentro de las gradas.

La posición del bateador-corredor en el momento que la mala tirada sale de las manos del jugador que realiza el tiro es lo que sirve de guía para decidir la concesión de bases. Si el bateador-corredor no ha llegado a primera base, la concesión es de dos bases para todos los corredores a partir del momento en que fue realizado el lanzamiento, a todos los corredores. La decisión en cuanto a si el bateador-corredor ha llegado a primera base antes del tiro, es a juicio del árbitro.

Si una jugada rara se produce donde el primer tiro realizado por un jugador del cuadro cae dentro de las gradas o banco pero el bateador no se ha convertido en corredor (tales como cuando el receptor al realizar un tiro meta la pelota dentro de las gradas en un intento de poner out a un corredor que trata de anotar por un passed ball o a un wild pitch), la concesión de dos bases será desde la posición de los corredores en el momento de la tirada. (A los efectos de la Regla 7.05 (g) un receptor se considera como un jugador del cuadro).

JUGADA: Corredor en primera base, el bateador conecta un batazo por el campo corto, el torpedero tira demasiado tarde a segunda base para poner out al corredor de primera y el segunda base tira a la inicial después de que el bateador ha pasado más allá de la almohadilla de primera.

REGLA: El corredor de segunda anota. (En esta jugada únicamente si el bateador-corredor está más allá de la primera base cuando se realiza el tiro, se le concede la tercera base).

(h) Una base, si la bola lanzada al bateador, o tirada por el lanzador desde su posición sobre la goma del lanzador a una base para sorprender a un corredor, cae dentro de las graderías o el banco de los jugadores, o sobre o a través de una cerca del terreno o backstop. La pelota es muerta.

REGLA APROBADA: Cuando un wild pitch o passed ball pasa a través o por el lado del receptor, o es desviada por él, y va directamente dentro del banco, grada, abertura, o cualquier área donde la bola es muerta, se le concederá una base. También será concedida una base si el lanzador mientras está en contacto con la goma de lanzar, tira a una base, y la tirada va directamente dentro de las gradas o dentro de cualquier área donde la bola es muerta.

Sin embargo, si el lanzamiento o la tirada pasa a través o el lado del receptor o a través de un fildeador, y permanece dentro del terreno de juego, pero posteriormente es pateada o desviada dentro del banco, gradas u otra área donde la bola es muerta, se concederán dos bases a partir de la posición de los corredores en el momento del lanzamiento o tirada.

(i) Una base, si el bateador se convierte en corredor al recibir la cuarta bola mala o el tercer strike, cuando el lanzamiento se le escapa al receptor y se aloja en la careta del árbitro o en sus atavíos.

Si el bateador se convierte en corredor por un wild pitch que le da derecho a los corredores de avanzar una base, el bateador-corredor adquirirá solamente el derecho a la primera base.

El hecho de que a un corredor se le conceda una base o bases sin riesgo de ser puesto out, no lo exonera de la responsabilidad de pisar las bases que le sean concedidas y todas las bases intermedias. Por ejemplo: el bateador conecta un batazo roletazo sobre le cual un jugador del cuadro al tirar mete la pelota dentro de las gradas, pero el bateador-corredor deja de pisar la primera base. Él puede ser declarado out en apelación después que la pelota sea puesta en juego por haber dejado de pisar la primera base, aún cuando se le haya "concedido" la segunda base.

Si un corredor está forzado a regresar a una base después de una cogida, él debe retocar su base original aunque en razón de alguna regla de terreno u otras reglas, le sean concedidas bases adicionales. Él puede retocar mientras la pelota está muerta y entonces la concesión se hace desde su base original.

Comentario: tratemos de resumir, cuando la situación del tiro malo proviene del infield se concederá una base a los corredores partiendo de la posición del bateador corredor. Si el tiro proviniera del outfield se concederán dos bases partiendo del mismo principio. Por supuesto que este es un análisis simplista de una norma que incluye mucha técnica, pero este es el principio que rige la norma.

7.06 Cuando una obstrucción ocurre, el árbitro declarará o señalará "Obstrucción".

Comentario: la obstrucción siempre será contra el corredor o el bateador y la realiza un jugador a la defensa, que no tiene injerencia directa en la jugada.

(a) Si una jugada se está realizando sobre el jugador obstruido, o si el bateador-corredor es obstruido antes de que toque la primera base, la pelota es muerta y todos los corredores avanzarán, sin riesgo de ser puestos out, a las bases que habrían alcanzando, a juicio del árbitro, de no haber habido obstrucción. Al corredor obstruido le será concedida por lo menos una base más allá de la última que él lealmente había tocado antes de la obstrucción. Cualesquiera de los corredores precedentes, forzados a avanzar por la concesión de bases a causa de la penalidad por obstrucción, avanzarán sin riesgo de ser puestos out.

Cuando o una jugada está siendo realizada sobre un corredor obstruido, el árbitro señalará la obstrucción en la misma forma en que él pide "Tiempo" con las dos manos más arriba de la cabeza. La pelota queda inmediatamente muerta cuando se hace esta señal; sin embargo en los casos en que una bola tirada esté en el aire antes que sea declarada la obstrucción por el árbitro, a los corredores les serán concedidas tantas bases por tiros malos como les habrían sido concedidas, de no haber ocurrido la obstrucción.

En una jugada donde un corredor fue sorprendido entre segunda y tercera y cuando dicho corredor se dirigía hacia tercera base fue obstruido por el antesalista en el momento en que el tiro del torpedero se encontraba en el aire, si dicho tiro se mete dentro del banco se le concede el home al corredor. Cualesquiera de los otros corredores que se encuentren en base en esa situación, también se le concederán dos bases a partir de la última base que legalmente pisaron antes de que fuera declarada la obstrucción.

(b) Si ninguna jugada se está realizando sobre el corredor obstruido, la jugada proseguirá hasta que ninguna otra acción subsiguiente sea posible. El árbitro entonces ordenará "Tiempo" e impondrá tales penalidades, si hay alguna, que a su juicio pueda anular el acto de la obstrucción.

Comentario: Ejemplos de ellos fueron dos latinos en situaciones diferentes y ambos en play off, Benito Santiago, chocó con el tercera base cuando iniciaba su camino hacia home plate, se regresó a tercera e inició la reclamación desde la base, el home plate le fue concedido, sin ningún inconveniente.

Caso contrario sucedió con Miguel Tejada en una situación similar, pero reclamó la obstrucción en el lugar donde ocurrió, el tercera base tomó la pelota y lo tocó poniéndolo out, nunca sabremos si hubo o no obstrucción en la jugada.

Conforme a la 7.06 (b) cuando la bola no está muerta por obstrucción y un corredor obstruido avanza más allá de la base que, a juicio del árbitro, se le habría concedido en razón de haber sido obstruido, él hace eso a su propio riesgo y puede ser puesto out. Esta es una decisión de apreciación.

NOTA: El receptor, sin estar posesión de la bola, no tiene derecho de bloquear el camino del corredor que intenta anotar. La línea de base le pertenece al corredor y él debe estar allí únicamente, cuando esté capturando una bola o cuando ya tiene la bola en sus manos.

Comentario: a pesar de la nota, la costumbre es que el receptor bloquee el home si la bola se acerca en un tiro, aunque no tenga aún la posesión de la bola.

7.07 Si con un corredor en tercera base y tratando de anotar por medio de un squeeze play o un robo, el receptor o cualquier otro fildeador se adelanta desde su posición ose coloca enfrente del home sin estar en posesión de la bola, o hace contacto con el bateador o con su bate, al lanzador le será cargado un balk, al bateador le será concedida la primera base por interferencia y la bola es muerta.

Comentario: a pesar de mi comentario anterior esta si es una norma de regular cumplimiento.

7.08 Cualquier corredor es out cuando:

(a) (1) Al correr se sale más de tres pies (91,44 cm) de la línea directa entre bases para evitar ser tocado, a menos de que su acción sea para evitar interferir a un fildeador que trata de capturar una bola bateada; o (2) después de tocar la primera base, él se sale de la línea de base, abandonando claramente su esfuerzo de tocar la base siguiente;

Comentario: este apartado define la línea de carrera, en tres pies hacia ambos lados de la línea recta imaginaria entre las bases.

Cualquier corredor después de llegar a primera base que salga de la línea de bases y se dirija a su banco o a su posición creyendo que no hay una jugada siguiente, puede ser declarado out si el árbitro juzga que el acto del corredor sea considerado como un abandono de sus esfuerzos para correr las bases. Aún cuando sea declarado out, la bola permanece en juego en relación a cualquier otro corredor.

Comentario: esta es otra jugada de apreciación del árbitro, en este caso el abandono debe ser manifiesto, este concepto de abandono aplica aunque después de haber hecho el ademán

de abandonar la jugada, sus compañeros de equipo u otra persona le llame la atención y el jugador retome la acción.

Esta regla también incluye las jugadas similares siguientes: Parte final de la novena entrada, la anotación empatada, un corredor en primera, menos de dos outs, el bateador conecta un batazo fuera del parque para impulsar la carrera del triunfo; el corredor de primera pasa por la segunda almohadilla, y pensando que el cuadrangular automáticamente gana el juego, cruza el otro lado del diamante en dirección a su banco en el momento en que el bateador-corredor recorre las bases. En este acaso, el corredor embasado será declarado out "por abandonar sus esfuerzos de pisar la próxima base", y al bateador-corredor se le permitirá continuar su recorrido alrededor de las bases, para hacer válido su cuadrangular. Si hubieran dos outs el cuadrangular no se consideraría (ver Regla 7.12). Ésta no es una jugada de apelación.

Comentario: hay que tener mucho cuidado con esta regla en muchas ligas aficionadas he podido observar actitudes semejantes, incluso en un partido oficial de IBAF, le sucedió a la selección de España que enfrentaba a su similar Francés en una Copa Europea.

JUGADA: El corredor creyendo haber sido declarado out porque lo tocaron en primera o en tercera base, sale hacia el banco y avanza una distancia razonable indicando por sus acciones que se considera out, será declarado out por abandonar las bases.

Comentario: se aplica lo mismo y no existen apelaciones, aquí se aplica un viejo dicho popular en el beisbol, "esto se llama beisbol, no yo creía".

En las dos jugadas anteriores los corredores son considerados que en realidad abandonan el recorrido de sus bases y son interpretadas en forma diferente al bateador que se poncha como se describe en la REGLA APROBADA de la 7.08 (a).

REGLA APROBADA: Cuando un bateador se convierte en corredor porque el tercer strike no ha sido cogido, y se dirige a su banco o a su posición, él puede avanzar a primera base en cualquier momento antes de que él entre en el banco de los jugadores. Para ponerlo out el equipo a la defensiva debe tocarlo o tocar la primera base antes de que él toque dicha base.

Comentario: en este aparte es importante que el concepto de abandono de la línea de carrera, al salir más allá de tres pies de la línea recta imaginaria entre las bases, como si sucedería con un corredor en cualquier otra almohadilla.

(b) Intencionalmente interfiere con una bola tirada; o impide que un fildeador intente realizar una jugada sobre una bola bateada;

Un corredor que por decisión del árbitro es culpable de haber estorbado a un fildeador que esté intentando realizar una jugada sobre una bola bateada, es out ya sea que lo haga intencionalmente o no.

Comentario: aunque hemos visto que muchos corredores amagan frente a la bola bateada de roletazo frente al fildeador o saltan a última hora sobre ella para interferir con la lectura del batazo, estos movimientos son completamente válidos.

Sin embargo, si el corredor está en contacto con una base legalmente ocupada, cuando él estorba al fildeador, no será declarado out a menos que a juicio del árbitro, dicho estorbo sea intencional, ya sea que ello ocurra en territorio fair o foul. Si el árbitro declara el estorbo intencional, ser aplicada la siguiente penalidad: con menos de dos outs, el árbitro declarará out tanto al corredor como al bateador. Con dos outs, el árbitro declarará out al bateador.

En caso de una jugada de run-down entre tercera base y home, y el corredor siguiente ha avanzado y está parado sobre la tercera almohadilla cuando el corredor sorprendido entre bases es declarado out por interferencia ofensiva, el árbitro enviará de regreso a segunda al corredor que está parado sobre la tercera base. Este mismo principio se aplica si hay un run-down entre segunda y tercera base y el corredor siguiente ha llegado a segunda (el razonamiento es que ningún corredor avanzará en una jugada de interferencia y se considera que un corredor ocupa una base hasta que él legalmente haya logrado obtener la base siguiente).

(c) Es tocado fuera de la base cuando la bola está viva.

EXCEPCION: Un bateador-corredor no puede ser tocado para ser puesto out después de haberse pasado de la primera base corriendo o deslizándose si él retorna inmediatamente a la base.

Comentario: en realidad, mientras el corredor que rebasa la primera base no entre en el terreno fair y no haga ningún amago de correr hacia la segunda base queda protegido por esta excepción.

REGLA APROBADA: (1) Si el impacto de un corredor desprende una base separándola de su posición, ninguna jugada puede ser realizada sobre ese corredor en dicha base si él la había alcanzado con anterioridad.

Comentario: volvemos a lo mismo en algunas ligas será la permanencia en el punto y en otras la base aunque se haya movido, esto siempre como apreciación arbitral.

REGLA APROBADA: (2) Si una base es separada de su posición durante una jugada, cualquier corredor siguiente sobre la misma jugada será considerado que está tocando u ocupado la base, si a juicio del árbitro, él toca u ocupa el punto marcado donde debía estar la base desprendida.

Comentario: esta regla puede ser interpretada por cada liga y muchas de ellas utilizan criterios diferentes, se aplica el criterio del comentario anterior.

(d) Deja de retocar su base después que una bola de fair o de foul haya sido legalmente cogida, antes que él, o su base sean tocados por un fildeador. Él no será declarado out por dejar de retocar su base después del primer lanzamiento siguiente, o cualquier jugada o intento de jugada. Ésta es una jugada de apelación.

Los corredores no necesitan hacer "pisa y corre" en un foul tip. Ellos pueden robar en un foul tip. Si el así llamado foul tip no es cogido, se convierte en un foul ordinario. Los corredores retornar a sus respectivas bases.

Comentario: el foul tip atrapado con dos strikes se considera un stike y no un foul atrapado para efectos de los corredores embasados, es por ello que quedan a riesgo o pueden salir al robo en la jugada.

(e) Deja de alcanzar la base siguiente antes que un fildeador lo toque a él o a la base, después que haya sido forzado a avanzar por razón de que el bateador se convierte en corredor. Sin embargo, si corredor siguiente es puesto out en una jugada forzada, se elimina la jugada forzada y el corredor debe ser tocado para ser puesto out. La jugada forzada es eliminada tan pronto como el corredor toque la base a la cual él esta forzado a avanzar, y si él se pasa de la base deslizándose o corriendo, el corredor debe ser tocado para ser puesto out. Sin embargo si el jugador forzado, después de tocar la próxima base, se retira por cualquier razón hacia la base que había ocupado últimamente, la jugada forzada es restablecida y él puede ser puesto out de nuevo si el equipo a la defensiva toca la base a la cual él está forzado.

Comentario: en las partidas de los miércoles en el Stadium Universitario de Caracas Pompeyo Davalillo gustaba mucho de hacer las jugadas más complejas como por ejemplo, con corredores en primera y segunda y roletazo cercano a la segunda, Pompeyo solía pisar la base y tirar a tercera, que la tenía de frente mientras grita al tercera base ¡tócalo, tócalo!, puesto que el corredor que iba de segunda a tercera ya no iba a ser out por jugada forzada.

JUGADA: Corredor en primera base y conteo de tres bolas sobre el bateador. Sobre el siguiente lanzamiento, que es la cuarta bola, el corredor sale al robo, pero después de haber pisado la segunda él corredor se pasa de la base deslizándose o corriendo. El tiro del receptor lo captura antes de que pueda regresar a la almohadilla. La decisión es que dicho corredor es out. (El out forzado está eliminado).

Comentario: el corredor no es out forzado, sino que al pasar la base se considera que va en intento de apoderarse de la siguiente, aunque no sea su intención y solamente se haya pasado en la carrera o en el deslizamiento.

Las situaciones de pasarse al deslizarse y corriendo se presentan en las bases. Por ejemplo, con menos de dos outs, y corredores en primera y segunda y tercera, la bola se batea hacia un jugador del cuadro que intenta el doble play. El corredor gana la segunda base, pero se pasa al deslizarse. El tiro de relevo se hace a primera base y el bateador-corredor es out. El jugador de primera base, viendo al corredor de segunda base fuera de la almohadilla, realiza una tirada devolviendo la bola a segunda, y el corredor es tocado fuera de la base. Durante ese lapso los corredores han llegado al home. La pregunta es: ¿Es ésta una jugada forzada? ¿Fue eliminada la jugada forzada cuando el bateador-corredor fue out en primera base? ¿Cuentan carreras que llegaron a home durante esta jugada y antes de que se realizara el tercer out cuando el corredor fue tocado en segunda?

Respuesta: Las carreras se anotan. No es una jugada forzada. Es una jugada de tocar al corredor.

Comentario: este es un punto de mucha confusión, puesto que cuando el inning termina, las carreras valen si el (los) out(s) fueron después de la carrera, los out forzados se consideran efectuados antes de la carrera, es decir, si con un out y bases llenas, conectan un roletazo y se completa la doble matanza, la carrera no vale, ahora y alguno de los outs no es forzado, como en el caso que relaté del extraño dobleplay de Pompeyo Davalillo, si la carrera anota antes de que el tercera base toque al corredor, la carrera será válida.

(f) Es golpeado por una bola de fair, en territorio de fair, antes de que la bola haya tocado o pasado a un jugador de cuadro. La pelota es muerta y ningún corredor puede anotar, ni pueden avanzar los corredores, ni los corredores que estén forzados a avanzar. **EXCEPCION**: Si un corredor está tocando su base cuando es golpeado por un infield fly, dicho corredor no es out, sin embargo el bateador es out;

Si dos corredores son por la misma bola de fair, únicamente el primer corredor es out a causa de que la bola es muerta instantáneamente.

Si un corredor es golpeado por un infield fly cuando tocando su base, ambos el corredor y el bateador, son out.

(g) Intenta anotar en una jugada en la cual el bateador interfiere con la jugada en home con menos de dos outs. Con dos outs, la interferencia pone out al bateador y la carrera no cuenta.

Comentario: es el mismo concepto de lo que pase primero, si el tercer out se decreta antes de la carrera esta no vale.

(h) Pase a un corredor precedente antes que dicho corredor sea puesto out;

Comentario: esta es una jugada muy extraña pero puede darse sobre todo cuando se conecta un jonrón, algunos peloteros esperan al bateador corredor, aquí podría suceder, entre muchas otras extrañas causas.

(i) Después de haber adquirido la posesión legal de una base, corra las bases en orden opuesto con el propósito de confundir al equipo a la defensiva o realizar una burla del juego. El árbitro ordenará inmediatamente "Time" y declarará out al corredor;

Comentario: esta si es verdad que no la entiendo, pero debe haber pasado para que la coloquen aquí.

Si un corredor pisa una base desocupada y después cree que la pelota fue capturada o es engañado para que regrese a la base que últimamente había pisado, él puede ser puesto out mientras regresa a dicha base, pero si llega quieto a la que ocupaba con anterioridad, no puede ser puesto out mientras permanezca en contacto con esa base.

Comentario: esto sucede mucho en el beisbol amateur, se aplica aquello de "esto no se llama yo creía, se llama beisbol"

(j) Deja de retornar inmediatamente a primera base después de pasarse corriendo o deslizándose. Si él intenta correr a segunda es out cuando sea tocado. Si después de pasarse de la primera base, corriendo o deslizándose se dirige hacia el banco, o hacia su posición, y deja de retornar a primera base inmediatamente él es out en apelación cuando él o la base sean tocados;

Comentario: he observado muchas veces que se trata de poner out de inmediato al corredor que incurre en esta situación, cuando lo correcto es entregar la bola al lanzador y que este solicite la apelación y lance a primera para completar el out.

El corredor que pisa la primera base y la sobrepasa corriendo, y es declarado quieto por el árbitro tiene, dentro de los propósitos de la Regla 4.09 (a) "el haber alcanzado la primera base" y cualquier carrera que se anote en dicha jugada tiene validez, aunque dicho corredor posteriormente se convierta en el tercer out por dejar de regresar inmediatamente como está señalado por la Regla 7.08 (j).

Comentario: esto relaciona las reglas anteriores, si la jugada no es forzada la carrera vale, entonces el jugador fue quieto y lo ponen out en la apelación, pero esta apelación es posterior, así que la carrera vale.

(k) Al correr o deslizarse en home, deja de tocar el home y no realiza ningún intento de retornar a la base, cuando un fildeador sostiene la pelota en sus manos mientras está tocando home y apela al árbitro para que decida.

Comentario: aunque si el receptor no lo toca la carrera vale y ni el árbitro ni el anotador oficial pueden advertir del hecho al equipo al campo.

Esta regla se aplica únicamente en casos donde el corredor está en su camino hacia el banco y el receptor estaría obligado a perseguirlo. No se aplica en las jugadas ordinarias donde el corredor deja de pisar el home e inmediatamente después hace un esfuerzo para pisarlo antes de ser tocado. En ese caso, hay que tocar al corredor.

7.09 Es una interferencia por un bateador o corredor cuando:

(a) Después del tercer strike él estorba al receptor en su intento de capturar la bola;

(b) Después de batear o tocar una bola de fair, su bate hace contacto con la bola por segunda vez en territorio de fair. La bola es muerta y ningún corredor puede avanzar. Si el bateador-corredor deja caer su bate y la bola rueda contra el bate en territorio de fair, y a juicio del árbitro, no había intención de interferir con el curso de la bola, la bola está viva y en juego;

Comentario: otra vez hablamos del árbitro como juez de la conducta humana, pero en la realidad en la mayoría de los casos los árbitros cantan el out, así no haya habido intención.

(c) Intencionalmente desvía el curso de una bola de foul de cualquier forma;

(d) Antes de dos outs y un corredor en tercera base, el bateador impide a un fildeador que realice una jugada en home, el corredor es out;

Comentario: este impedimento tiene que ser por la vía del movimiento, es decir, si el bateador estorba la jugada pero se mantuvo todo el tiempo inmóvil en su caja de bateo, no da lugar a interferencia.

(e) Cualquier miembro o miembros del equipo a la ofensiva se paren o se reúnan alrededor de una base a la cual un corredor está avanzado, para confundir, impedir, o aumentar la dificultad de los fildeadores. Dicho corredor será declarado out por la interferencia de su compañero o compañeros de equipo;

Comentario: esto requiere el mismo comentario sobre los amagos frente a la bola de la página 107

(f) Cualquier bateador o corredor que acaba de ser puesto out estorba o impide que cualquier jugada siguiente sea realizada sobre un corredor. Dicho corredor será declarado out por la interferencia de su compañero;

Comentario: el jugador puesto out debe ceder el paso a la defensa sin interponer su cuerpo en ningún momento, el beisbol es juego de caballeros.

Si el bateador o un corredor continúa avanzando después que él haya sido puesto out, no será considerado por ese solo acto como que él está confundiendo, estorbando o creando dificultades a los fildeadores.

(g) Si a juicio del árbitro, un corredor de base intencional y deliberadamente interfiere con una bola bateada o a un fildeador en el acto de capturar una bola bateada, con el propósito evidente de romper un doble play, la bola es muerta. El árbitro declarará out al corredor por interferencia y también declarará out al bateador-corredor por la acción de su compañero. En ningún caso se puede avanzar en las bases o anotar carreras a causa de tal acción por un corredor.

Comentario: casos muy conocidos los de jugadas de Beto Avila y Reggie Jackson, en las que ambos corredores sacaron las manos para tocar una pelota en medio de un corre y corre entre bases.

(h) Si a juicio del árbitro, un bateador-corredor intencional y deliberadamente interfiere con una bola bateada o con un fildeador que se encuentre en el acto de capturar una pelota bateada, con el propósito evidente de romper un doble play, la bola es muerta; el árbitro declarará out al bateador-corredor por interferencia y también declarará out al corredor más próximo al home sin tener en cuenta dónde habría sido posible el doble play. En ningún se puede avanzar en las bases a causa de tal interferencia.

Comentario: esto requiere el mismo comentario sobre los amagos frente a la bola de la página 110

(i) A juicio del árbitro, el asistente de tercera base, o de primera base, tocando o aguantando al corredor, físicamente lo asiste para que retorne o para que salga de tercera o primera base;

Comentario: la desesperación lleva a muchos asistentes a hacer este tipo de acciones, pero los asistentes no pueden tocar ni para frenar ni para ayudar a regresar, ni para correr a los corredores, valga la cacofonía. También es muy conocido el caso del jonrón 62 de Mark McGwire en 1998, cuando ambos asistentes saltaron al terreno a felicitarlo mientras completaba

su carrera por las bases, el árbitro principal ha debido decretarlo out, ¿usted lo habría hecho?

(j) Con un corredor en tercera base, el asistente de base deja su cajón y actúa en cualquier forma para provocar una tirada por un fildeador;

(k) Al correr la última mitad de la distancia desde el home a primera base mientras la bola esté siendo capturada en primera base, él corre por fuera (a la derecha) de la línea de tres pies, o dentro (a la izquierda) de la línea de foul y, a juicio del árbitro, interfiere al fildeador que está recibiendo la tirada en primera base o intentando capturar una bola bateada;

Comentario: muchos corredores al tocar la bola se "avivan"y corren por dentro de la línea de fair interfiriendo con la línea de tiro del receptor, la invalidez de esta actitud es absoluta, inmediatamente deberá decretarse el out del bateador-corredor.

Las líneas que marcan la "zona" de tres pies (91,44 cm) son una parte de esa "zona", pero la interpretación que tiene que hacerse es que un corredor está obligado a tener los dos pies dentro de dicha "zona" o sobre las líneas que la limitan.

Comentario: en la mayoría de los parques aficionados no se marca esta línea, así que la aplicación queda en los árbitros y su apreciación de una distancia lógica para la carrera.

(l) Deje de evadir a un fildeador que está tratando de capturar una bola bateada, o intencionalmente interfiere con una bola tirada, siempre que dos o más fildeadores intentan capturar una bola bateada, y el corredor hace contacto con uno o más de ellos, el árbitro determinará cuál fildeador tiene derecho a los beneficios de esta regla, y no declarará out al corredor por hacer contacto con un fildeador que sea otro, que aquél que el árbitro determine que está en el derecho a capturar dicha bola;

Cuando un receptor y un bateador-corredor que va hacia la primera base hacen contacto en los casos donde el receptor está capturando la pelota, generalmente no hay infracción y no se debe declarar nada. "Obstrucción" por un fildeador que está tratando de capturar una bola debe ser declarada únicamente en los casos muy flagrantes y violentos porque las reglas le dan el derecho a la vía, pero desde luego tal "derecho de vía" no es una licencia para, por ejemplo, tropezar intencionalmente con un corredor aunque esté tratando de capturar una pelota. Si el receptor está capturando la bola, y el inicialista o el lanzador obstruyen a un corredor que va hacia primera base, será declarada una "obstrucción" y a dicho corredor le será concedida la primera base.

Comentario: este es un excelente ejemplo del espíritu de las reglas del beisbol, este deporte aborrece la violencia, aunque respeta la agresividad y el juego fuerte, la violencia será castigada siempre que sea detectada.

(m) Una bola de fair le pega a él en territorio de fair antes de que sea tocada por un fildeador. Si la bola de fair pasa a través, o por un lado de un jugador de cuadro, y le pega a un corredor inmediatamente detrás de él, o le pega al corredor después de haber sido desviada por un fildeador el árbitro no declarará out al corredor por haber sido golpeado por una bola bateada. Al hacer tal decisión, el árbitro debe estar convencido que la pelota pasó a través o por un lado del jugador de cuadro, y que ningún otro jugador de cuadro tenía la oportunidad de realizar una jugada sobre la bola. Si, a juicio del árbitro, el corredor deliberadamente e intencionalmente patea dicha bola bateada sobre la cual el jugador de cuadro ha dejado de realizar una jugada, entonces el corredor será declarado out por interferencia.

Comentario: si bien en casi todos los casos se habla de intención en este caso no importa si hay o no intención.

PENALIDAD POR INTERFERENCIA: El corredor es out y la bola es muerta.

7.10 Cualquier corredor de bases será declarado out en una jugada de apelación cuando:

(a) Después de que una bola de fly sea cogida, él deja de retocar su base original antes de que él o su base original sean tocados;

"Retocar", en esta regla, significa pisar y salir del contacto con la base después que la bola sea cogida. A un corredor no le está permitido realizar una arrancada voladora desde una posición detrás de su base.

(b) Con la bola en juego, mientras esté avanzando o retornando una base, deje de tocar cada base por su orden antes que él o la base que ha dejado de tocar, sean tocados;

REGLA APROBADA: (1) Ningún corredor podrá retornar a retocar una base que ha dejado de tocar después que un corredor siguiente haya anotado. (2) Cuando la bola es muerta, ningún corredor puede retornar a tocar una base que ha dejado de tocar o de la que ha salido adelantado, después que él haya avanzado y tocado una base más adelantada que la base que ha dejado de tocar.

Comentario: no se desesperen en las jugadas de ejemplo podrán entender estos trabalenguas.

JUGADA: (a) El bateador conecta la bola fuera del parque o batea un doble por reglas de terreno y deja de pisar la primera base (la bola es muerta) él puede regresar a primera base para rectificar su error antes de pisar la segunda, pero si pisa la segunda base él no puede regresar a primera y si el equipo a la defensiva apela, él es declarado out en primera base.

JUGADA: (b) El bateador conecta un batazo por el campo corto el cual tira mal y mete la pelota dentro de las gradas (la bola es muerta), el bateador-corredor deja de pisar la primera base, pero se le ha concedido la segunda base por el mal tiro. Aunque el árbitro le haya concedido la segunda base al corredor por el mal tiro, dicho corredor tiene que pisar la primera base antes de proseguir hacia segunda.

Estas jugadas son de apelación.

Comentario: Las jugadas de apelación deben ser anunciadas a los árbitros.

(c) Se pasa de primera base corriendo o deslizándose y deja de retornar a la base inmediatamente, y él o la base sean tocados;

(d) Deja de tocar el home y no hace intento de retornar a esa base, y el home sea tocado.

Cualquier apelación en relación con esta regla debe ser hecha antes del próximo lanzamiento, o cualquier jugada o intento de jugada. Si la violación ocurre durante una jugada con la cual finaliza la mitad de una entrada, la apelación debe ser hecha antes de que el equipo de la defensiva salga del terreno.

Una apelación no deberá ser interpretada como una jugada o un intento de jugada.

Sucesivas apelaciones no podrán hacerse sobre un corredor en la misma base. Si el equipo a la defensiva sobre la primera apelación se equivoca, una segunda apelación sobre el mismo corredor en la misma base no deberá ser autorizada por el árbitro. (Entiéndase que el significado de la palabra "equivocarse" es que el equipo a la defensiva al hacer una apelación tiró la bola fuera de juego. Por ejemplo, si el lanzador tiró a primera base para apelar y tiró la bola dentro de las graderías, ninguna segunda apelación será permitida).

Las jugadas de apelación pueden requerir que el árbitro reconozca un aparente "cuarto out". Si el tercer out se realiza durante una jugada en la cual una jugada de apelación es sustentada sobre otro corredor, la decisión de la jugada de apelación toma precedencia al determinar el out. Si hay más de una apelación durante una jugada que finaliza la mitad de una entrada, la defensa puede elegir el aceptar el out que más le beneficie.

Comentario: esto suena un tanto fuera de lugar, pero aunque hubiesen tres out si la apelación pudiese evitar una carrera que haya sido anotada en la jugada se podría efectuar un cuarto out en el inning.

En cuanto al objeto de esta regla, el equipo de la defensiva "ha salido del terreno" cuando el lanzador y todos los jugadores del cuadro han salido del territorio de fair en dirección al banco de los jugadores o la casa club.

Si dos corredores llegan a home casi al mismo tiempo, y el primer corredor deja de pisar el home, pero el segundo corredor lo pisa legalmente, en apelación el primer corredor será declarado out. Si hay dos out y si el primer corredor es puesto out en su intento de regresar y pisar el home o es declarado out en apelación, entonces él será considerado como si hubiera sido puesto out antes de que anotara el segundo corredor resultando el tercer out. La carrera del segundo corredor no tendrá validez, según lo estipulado en la Regla 7.12.

Comentario: es claro como el agua el primer corredor es out antes de la llegada del segundo a home.

Si un lanzador comete balk cuando está haciendo una apelación, dicho acto será una jugada. Una apelación debe ser claramente determinada como una apelación, ya sea una solicitud verbal del jugador o por una acción inconfundible que le indique al árbitro una apelación. Un jugador, que inadvertidamente pisa sobre una base con la pelota en sus manos, no constituye una apelación. No puede haber tiempo cuando se está haciendo una apelación.

7.11 Los jugadores asistentes o cualquier miembro de un equipo a la ofensiva dejarán libre cualquier espacio (incluyendo ambos bancos) que necesite un fildeador que esta tratando de capturar una bola bateada o tirada.

Comentario: aunque la humanidad obliga a los jugadores, sean compañeros o no del fildeador a ayudarle a evitar cualquier colisión que pudiere causarle una lesión sin interferir con la posibilidad de out.

PENALIDAD: Una interferencia será declarada y el bateador o corredor sobre quien se esté realizando la jugada será declarado out.

7.12 A menos que haya dos out, la condición de un corredor siguiente no estará afectada por la falta del corredor precedente de tocar o retocar una base. Si, sobre una apelación, el corredor precedente es el tercer out, ninguno de los corredores siguientes a él podrán anotar. Si dicho tercer out es el resultado de una jugada forzada ni los corredores precedentes ni los corredores siguientes podrán anotar.

8.00 El lanzador

8.01 Lanzamientos Legales. Existen dos posiciones legales de lanzamiento (pitching positions), la posición de impulsarse (Windup Position) y la posición de preparado (set position), pudiéndose utilizar cualquiera de ellas en cualquier momento.

Los lanzadores tomarán las señas de sus receptores mientras están sobre la goma del lanzador.

Los lanzadores pueden despegarse de la goma después de recibir las señas pero no podrán pisarla de nuevo en forma rápida y lanzar. Esto puede ser considerado por el árbitro como un lanzamiento apresurado (quick pitch) cuando el lanzador se despega de la goma, debe dejar caer las manos sobre sus costados.

Comentario: Recuerden que este es un deporte de caballeros, el "hacerse el vivo" no es permitido por estas reglas.

No se le permitirá a los lanzadores despegarse de la goma cada vez que tomen una seña.

(a) La posición de impulsarse (windup position). El lanzador se colocará de frente al bateador, con su pie pivote totalmente sobre, o enfrente y en contacto, pero no fuera, de la caja del plato de lanzar (lanzador's plate), y con el otro pie libre. Desde esta posición, cualquier movimiento natural asociado con lanzar la pelota al bateador, lo obliga a efectuar el lanzamiento sin interrupción ni alteración. No podrá levantar ninguno de sus pies del terreno excepto que en el momento de hacer el lanzamiento al bateador, puede dar un paso hacia atrás y un paso hacia adelante con su pie libre.

Comentario: el incumplimiento de esta norma produce un balk, con las penalidades consecuentes según la regla 8.05.

Cuando un lanzador sostiene la pelota con ambas manos enfrente de su cuerpo, con su pie pivote enteramente sobre o enfrente y haciendo contacto, pero no fuera, del extremo de la caja, y su otro pie libre, se le considerará que está en Posición de Impulsarse (Windup Position).

El lanzador puede tener un pie, no el pie pivote, fuera de la caja y a cualquier distancia que él desee detrás de una línea que es la extensión del borde de atrás del plato de lanzar (lanzador's plate) pero no a cada lado de dicho plato.

El lanzador podrá con su pie `libre´ tomar un paso hacia adelante y un paso hacia atrás, pero bajo ninguna circunstancia, podrá hacerlo hacia los costados, es decir hasta los lados de primera base y de tercera base, de la goma de lanzar.

Si un lanzador sostiene la pelota con ambas manos frente a su cuerpo, con su pie pivote enteramente (completamente) sobre o enfrente de él y haciendo contacto, pero no fuera, del extremo de la caja, y su otro pie libre, se le considerará que se encuentra en la posición de `wind up´.

Desde esta posición podrá:

(1) Enviar (lanzar) la pelota al bateador, o

(2) Girar y lanzar a alguna base en un intento de sorprender y poner out a un corredor, o

(3) Despegarse de la caja de lanzar (si lo hace debe dejar caer las manos a sus costados).

En el momento de despegarse de la caja de lanzar (abandonar el contacto) el lanzador debe sacar su pie pivote primero y nunca sacar primero su pie libre.

No podrá tomar su posición de preparado (set position), y si lo hace comete balk.

(b) La Posición de Preparado (Set Position), dicha posición la indicará el lanzador cuando se pare de frente al bateador con su pie pivote completo sobre o enfrente y en contacto con el plato de lanzar, pero no fuera del final de él y con su otro pie enfrente del plato de lanzar (lanzador's plate) sosteniendo la pelota con ambas manos frente a su cuerpo y llegando a una parada completa.

Desde esta posición de preparado (set position) podrá lanzar la pelota al bateador, a una base o dar un paso hacia atrás con su pie pivote. Antes de asumir la `set position´ el lanzador puede optar cualquier movimiento preliminar, tal como la denominada `posición natural´ (stretch), pero si así lo hiciera deberá de nuevo asumir la `set position´ antes de lanzarle al bateador.

Después de que tome la `set position´, cualquier movimiento natural asociado (relacionado) con lanzar la pelota al bateador, lo obliga a efectuar el lanzamiento sin interrupciones o alteraciones.

Cuando se está preparando para asumir la `set position´, el lanzador debe tener una mano a su lado, desde esta posición para luego asumir la posición de `set position, tal como está definida en la Regla 8.01 (b) sin interrupción y con un movimiento continúo.

Todo el ancho de su pie debe estar en contacto con la caja y debe estar sobre ella. El lanzador no podrá lanzar desde el final de la caja, teniendo tan solo un lado de su pie tocando la goma de lanzar.

El lanzador después que se estira deberá (a) sostener la pelota con ambas manos enfrente de su cuerpo y (b) llegar a una parada completa. Esto debe hacerse cumplir y los árbitros deben observarlo cuidadosamente, ya que los lanzadores constantemente intentan ir contra esta regla, en su deseo de mantener a los corredores cerca de sus bases, y en el caso de que el lanzador deje de hacer una parada `completa´ exigida por estas reglas, el árbitro debe cantar `balk inmediatamente.

Comentario: este es uno de los movimientos más complejos en el beisbol y su explicación es realmente compleja, así que coloco esta secuencia fotográfica que creo que sería mucho más útil para los lectores.

(c) En cualquier momento, durante los movimientos preliminares del lanzador y hasta tanto que su movimiento natural de lanzar lo obligue a efectuar el lanzamiento, podrá tirar la pelota a cualquier base siempre y cuando al hacerlo dé un paso hacia la misma, antes de hacer el tiro.

El lanzador dará un paso antes del lanzamiento. Un tiro rápido (snap throw) seguido de un paso directo hacia la base es un `balk´.

(d) Si el lanzador hace un lanzamiento ilegal sin corredores en base, se canta una bola, a menos que éste alcance la primera base por un error, una base por bolas, un bateador golpeado o de cualquier otra manera.

Si una pelota se desliza de la mano del lanzador y atraviese la línea de foul, se le cantará `bola´, en cualquier otro caso no habría lanzamiento. Si hubieren hombres en base esto sería un `balk´.

(e) Si el lanzador quita su pie pivote del contacto con el plato de lanzar (lanzador's plate) dando un paso atrás, se convierte por tal acción en un jugador de cuadro, y si hace un mal tiro desde esa posición, dicho tiro se considerará igual que un tiro de cualquier otro jugador de cuadro.

Comentario: la consideración de la que habla este aparte está en la regla 7.05

El lanzador mientras está fuera de la caja puede lanzar a cualquier base. Si hace un mal tiro, se considera a este mal tiro como al de cualquier jugador de cuadro y las acciones subsiguientes se regirán por aquellas reglas que cubren los tiros de los jugadores de cuadro.

8.02 El lanzador no deberá:

(A) (1) Llevar su mano de lanzar a su boca o labios, mientras se encuentre dentro del círculo de 18 pies que abarca el plato de lanzar. **EXCEPCION:** Cuando mediante acuerdo de los dos manejadores, el árbitro principal, antes de iniciarse el partido que se juegue bajo condiciones de tiempo frío, podrá permitir al lanzador soplar sobre su mano. **PENALIDAD:** Por la violación de esta parte de la regla, los árbitros deben cantar inmediatamente una `bola´. Sin embargo, si se hiciera el lanzamiento y el bateador se embasa por un hit, por bateador golpeado u otra causa, y ningún otro corredor es puesto out antes de haber avanzado al menos una base, la jugada seguirá sin referencia a la violación. Los violadores consuetudinarios de esta regla estarán sujetos a multas por parte del Presidente de la Liga.

Comentario: aquí se vuelve a referir la regla a que las condiciones y sanciones en estos casos tienen que ser suplidas por el reglamento interno de cada liga.

(2) Aplicar substancias extrañas a la pelota.

(3) Escupir sobre la pelota, sus manos o su guante.

(4) Frotar la pelota con su guante, su persona o su vestimenta.

(5) Deteriorar la pelota en cualquier forma.

(6) Lanzar las llamadas pelota pulida (shine ball), bola de saliva (spit ball), bola de barro (mud ball) o bola esmerilada (emery ball). Sin embargo, el lanzador podrá frotar la pelota con sus manos limpias.

PENALIDAD: Por la violación de cualquier parte de esta regla 8.02 (a) 2 al 6) el árbitro aplicará lo siguiente:

(a) Cantar el lanzamiento `bola´, amonestar al lanzador y hacer anunciar por los altoparlantes la razón de la medida.

Comentario: Se trata de poner en evidencia al lanzador y someterlo a la vergüenza pública al anunciar la causa de la violación por los parlantes, volvemos a recordar que este es un juego de caballeros.

(b) En caso de una segunda violación hecha por el mismo lanzador en el mismo juego, éste será expulsado del juego.

(c) Si a la violación declarada por el árbitro le sigue una jugada, el manejador del equipo a la ofensiva, puede participarle al árbitro que opta por aceptar la jugada. Esta participación debe hacerse inmediatamente después de determinada la jugada. No obstante, si el bateador se embasa debido a un hit, un error, una base por bolas, un bateador golpeado, y otra causa, y ningún otro corredor es puesto out antes de haber avanzado al menos una base, la jugada continúa sin referencia a la violación.

Comentario: volvemos al espíritu de las reglas del beisbol en el que se trata de no perjudicar a quien es victima del incumplimiento de una regla.

(d) Aun cuando el equipo a la ofensiva opte por aceptar la jugada, se reconocerá la violación y quedarán vigentes las penalidades señaladas en (a) y (b).

(e) El árbitro será el único juez en determinar si alguna parte de esta regla fue violada.

Todos los árbitros llevarán consigo una bolsa de resina oficialmente aprobada. El árbitro principal (jefe de árbitros) será el responsable de colocarla en el suelo detrás del plato de lanzar (lanzador's plate). Si en cualquier momento la pelota golpea a la bolsa de resina la pelota sigue en juego. En el caso de lluvia o de terreno mojado, el árbitro puede ordenarle al lanzador que guarde la bolsa de resina en su bolsillo. El lanzador puede usar la bolsa de resina para aplicarse resina (pez rubia) a su mano o manos limpias. Ni el lanzador ni ningún otro jugador puede espolvorear la pelota con la bolsa de resina, ni tampoco se le permite aplicar la resina de la bolsa sobre su guante o en alguna otra parte de su uniforme.

Comentario: la "pez rubia", es un polvo blanco que ayuda a mejorar el agarre del lanzador, con ello se busca proteger a los bateadores de que una pelota, por causa del sudor normal del lanzador se le salga de la mano y salga completamente sin control.

(B) Estar en posesión de cualquier sustancia extraña por infringir de esta Sección (B) la penalidad será la expulsión del juego en forma inmediata.

(C) Demorar intencionalmente el juego mediante lanzamientos hechos a jugadores distintos al receptor, cuando el bateador se encuentra en posición, excepto que se trate de un intento de poner out a un corredor.

Comentario: muchas veces este tipo de acción puede suceder en ligas amateur donde existe un límite de tiempo, pero también en otras ligas hay lanzadores que hacen este tipo de cosas para dar chance a que un relevista puede calentar un poco más.

PENALIDAD: Si después de ser amonestado por el árbitro, el lanzador repite tales acciones dilatorias, será expulsado del juego.

(D) Lanzar intencionalmente contra el bateador. Si a juicio del árbitro ocurriera esta violación, éste podrá elegir entre las siguientes opciones:

1. Expulsar del juego al lanzador, o al lanzador y al manejador;

2. Amonestar al lanzador y al manejador de ambos equipos, expresándoles que si se hiciera otro lanzamiento como el que se efectuó, traerá como resultado la inmediata expulsión del lanzador (o su sustituto) y la del manejador.

Comentario: el árbitro debe tomar la decisión a discreción, puesto que cada caso tiene antecedentes propios.

Si a juicio del árbitro, las circunstancias lo aconsejan, puede advertirle oficialmente a ambos equipos, con anterioridad al inicio del juego o en cualquier momento, que no se tolerarán tales lanzamientos.

Los Presidentes de las Ligas pueden tomar acciones adicionales bajo la autoridad prevista en la Regla (9.05).

Comentario: las ligas deberán estudiar cada caso individualmente y aplicar su reglamento para la sanción de cada uno de los actores de estas situaciones, la más común de

las sanciones es la suspensión de una cantidad de partidos consecuente con la gravedad del hecho.

El lanzarle a la cabeza de un bateador es un acto antideportivo y altamente peligroso, debe ser condenado, y así lo es.

Comentario: la sanción inmediata deberá ser la expulsión del lanzador y probablemente del Manejador y posteriormente se aplicará la sanción correspondiente a la liga, según recomendaciones de los árbitros y la nota marginal del anotador oficial, si fuere el caso.

Los árbitros deben actuar sin vacilación para hacer que esta regla se cumpla.

8.03 Cuando un lanzador toma su posición al comienzo de un inning o cuando releva a otro, se le permite lanzar no más de ocho envíos preparatorios o de calentamiento a su receptor, en cuyo lapso de tiempo el juego queda suspendido. Una liga, por su propia cuenta, puede limitar el número de lanzamientos de calentamiento a un número menor de ocho, y tales envíos (lanzamientos) no deberán consumir más de un minuto de tiempo.

Si una repentina emergencia, causa que el lanzador entre al juego sin haber tenido la oportunidad de calentar el brazo, el árbitro principal le permitirá efectuar tantos lanzamientos de calentamiento como estime el árbitro.

Comentario: en realidad los árbitros le dan el tipo que necesite el lanzador, con la idea de proteger su brazo, recordemos que es una situación imprevista y debe permitir que el lanzador haga lo necesario para estar a tono para su labor.

8.04 Cuando las bases están desocupadas, el lanzador debe enviar la pelota al bateador dentro de un lapso de veinte (20) segundos a partir de haber recibido la pelota. Cada vez que el lanzador retarde el juego por la violación de esta regla, el árbitro deberá cantarle `bola´.

Comentario: nunca he visto a un árbitro con un cronómetro, nuevamente utilizamos el criterio del juez, a pesar que han tratado de obligar a los árbitros asistentes a hacerlo, pero esto podría estorbar el resto de sus funciones.

La intención de esta regla es la de evitar retardos innecesarios del juego. El árbitro debe insistir en que el receptor haga un retorno rápido de la pelota al lanzador, y que éste tome su posición sobre el cajón en forma expedita. Las demoras evidentemente que realice un lanzador deben ser penalizadas inmediatamente por el árbitro.

Comentario: la penalización será de una llamada de atención.

8.05 Si hay un corredor o corredores en base, será `balk´ cuando:

Comentario: la definición de balk se encuentra en la regla 2

(a) Estando el lanzador en su posición y en contacto con el plato, realice cualquier movimiento que esté naturalmente asociado a su forma de lanzar, y deje de enviar el lanzamiento.

Si un lanzador zurdo o derecho mueve su pie libre por detrás del borde de la caja de lanzar, estará obligado a efectuar el lanzamiento al bateador excepto en el caso de un tiro a la segunda base con el objeto de sorprender al corredor allí ubicado.

Comentario: solamente se dejará de hacer el lanzamiento, cuando haya un tiempo solicitado, aún así recomiendo terminar el mismo para evitar alguna lesión.

(b) El lanzador, estando en contacto con el plato, simula que va a efectuar un tiro a la primera base, y no lo hace.

Comentario: al hacer el movimiento hacia la primera base, si está ocupada, deberá soltar la bola.

(c) El lanzador, estando en contacto con el plato, deja de dar un paso directamente hacia una base antes de lanzar hacia ella.

Se requiere que el lanzador (lanzador) mientras está en contacto con la caja de lanzar dé un paso hacia la base antes de lanzar la pelota hacia ella. Si un lanzador se voltea o gira en su pie libre, sin haberlo separado de su posición o si voltea su cuerpo y lanza sin haber dado el paso, se considera que hay `balk´.

El lanzador debe dar un paso directamente hacia la base antes de lanzar a ella, pero no se requiere que haga el lanzamiento (con excepción de la primera base) por el solo hecho de haber dado el paso en dirección a la base. Es permisible, con corredores en primera y tercera, que el lanzador tome un paso hacia la tercera y no haga el tiro a ésta, sólo con el fin de intimidar al corredor para que regrese a la tercera; entonces al observar al corredor de la primera correr hacia la segunda, dar la vuelta y dar un paso hacia la primera y lanzar hacia ella. Esto es legal. Sin embargo, con corredores en primera y tercera, si el lanzador, mientras está en contacto con la caja, da un paso hacia la tercera e inmediatamente y prácticamente con el mismo movimiento gira y lanza a primer, es obvio que se trata es de engañar al corredor de la primera, y en este tipo de movimiento resulta prácticamente imposible dar otro paso directamente hacia la primera antes de lanzar a ella, considerándose por tanto que ha ocurrido un `balk´. Por supuesto si el lanzador no estaba pisando la caja y ejecuta el movimiento antes descrito, no será `balk´.

(d) El lanzador, mientras hace contacto con la caja, lanza, o simula un tiro a una base que esté desocupada, excepto cuando está realizando una jugada.

(e) El lanzador (lanzador) hace un lanzamiento ilegal.

El llamado lanzamiento apresurado (quick pitch) se considera como lanzamiento ilegal. Los árbitros juzgarán un lanzamiento apresurado, a aquel que es enviado antes de que el bateador se haya acomodado razonablemente en la caja de bateo.

Con corredores en base la penalidad será un `balk´; sin corredores en base sería una `bola´. El llamado lanzamiento apresurado es peligroso y no debe admitirse.

(f) El lanzador le hace un lanzamiento al bateador sin estar mirándolo;

Comentario: este aparte es bastante vago, puesto que debería indicar más del espíritu del mismo, imaginemos a Fernando Valenzuela, el cual no miraba al bateador mientras efectuaba el lanzamiento, sino que miraba directamente a la visera de su gorra, hubiese sido sancionado con balk cada vez que tuviese un hombre en base.

(g) El lanzador realiza cualquier movimiento que esté asociado naturalmente a su modo de lanzar, sin estar en contacto con la caja de lanzar.

(h) El lanzador demora innecesariamente el juego.

(i) El lanzador, sin tener la pelota en su poder, se para sobre la caja de lanzar o con ambos pies a cada lado de ésta (a horcajadas), o estando fuera de la caja, simula efectuar un lanzamiento.

Comentario: para evitar jugarretas de los jugadores de cuadro, como la bola oculta. Aun así Mike Lowell la utilizó en el 2005 contra Arizona, su coach de tercera Carlos Tosca y el corredor Luis Terrero, Mike puso out con la "bola oculta" a Terrero. Lo importante del caso es que el lanzador Dontrelle Willis nunca entró en el círculo de 18 pies alrededor de la caja de lanzadores, Willis conversó con Paul LoDuca y caminó alrededor del círculo antes que Terrero se abriera en la tercera almohadilla.

(j) El lanzador, después de ponerse en una posición legal para lanzar, retira una mano de la pelota de otra forma que no sea realmente para hacer su lanzamiento o tirar a una base.

(k) El lanzador, mientras está tocando el plato de lanzar, deja caer la pelota al suelo, sea en forma intencional o accidental.

(l) El lanzador, mientras está dando una base por bolas intencional, hace un lanzamiento, sin que el receptor (receptor) se encuentre dentro de la caja del receptor (receptor's box).

Comentario: este aspecto se conoce como balk del receptor.

(m) El lanzador hace lanzamientos desde su posición de preparado (set position) sin haber hecho la parada reglamentaria.

Comentario: aquí hablamos de que el lanzador deberá hacer la pausa con todo su cuerpo, no solo con las manos o los pies.

PENALIDAD: La pelota queda muerta, y los corredores pueden avanzar una base, sin riesgo de ser puestos out, a menos de que el bateador llegue a primera base por hit, error, base por bolas, bateador golpeado o cualquier otra causa, y todos los demás jugadores podrán avanzar por lo menos una base en cuyo caso el juego prosigue sin tener en cuenta el `balk´.

REGLAMENTACIÓN APROBADA: En los casos en los que un lanzador comete `balk´ y además hace un lanzamiento descontrolado (wild), sea a una base o al home, el corredor o los corredores pueden avanzar más allá de la base a la que tenían derecho, bajo su propio riesgo.

REGLAMENTACIÓN APROBADA: Un corredor que deje de pisar la primera base a la que tenga derecho, y que por apelación fuera puesto out, se le considerará como si avanzara una base, para los efectos de esta regla.

Los árbitros deberán tener en cuenta que el propósito de la regla `balk´ es el de impedir que el lanzador deliberadamente engañe al corredor de bases. Si hay alguna duda, el árbitro, a su juicio, determinará la intención que haya tenido el lanzador. No obstante, deberá mantener en mente, algunos detalles específicos.

(a) Montarse sobre la caja de lanzar sin tener la pelota en su poder debe interpretarse como un intento de engaño y decretado `balk´.

(b) Con un corredor en primera base el lanzador puede hacer un giro completo, sin vacilar, hacia la primera y tirar a segunda. Esto no debe interpretarse como que ha lanzado a una base desocupada.

Comentario: la reglamentación del balk es una de las más confusas de todo el beisbol y aún a los propios jugadores profesionales les causa algunos inconvenientes. El espíritu de esta regla es evitar que el lanzador, por vía de engaño sorprenda a un corredor.

8.06 Una liga profesional debe adoptar la siguiente regla, en lo que se refiere a la visita del manejador o asistente al lanzador (lanzador); **(a)** Esta regla limita el número de veces que un manejador o asistente pueden visitar a un determinado lanzador durante un inning; **(b)** Una segunda visita hecha al mismo lanzador en un mismo inning originará la remoción automática de dicho lanzador, **(c)** Se prohíbe que el manejador o asistente hagan una segunda visita al montículo, mientras toma su turno un mismo bateador, pero **(d)** Si dicho bateador es sustituido por un bateador emergente, el manejador o asistente pueden hacer una segunda visita al montículo, pero deben remover al lanzador.

Comentario: esta regla deberá aplicarse a las ligas aficionadas, como en efecto se aplica.

Se considera que un manejador o asistente ha concluido (terminado) su visita al montículo cuando sale del círculo de 18 pies que rodea la caja de lanzar.

Si el manejador o asistente van donde el receptor (receptor) o jugador de cuadro y luego ese jugador va hasta el montículo o si el lanzador se acerca a éste antes de que se produzca una acción intermedia (un lanzamiento o una jugada) se considerará como si el manejador o asistente hayan ido hasta el montículo.

Cualquier intento de evadir o circundar esta regla, por parte del manejador o asistente al ir donde el receptor u otro jugador de cuadro, y que este jugador vaya luego al montículo a conferenciar con el lanzador será igualmente considerado como un viaje al montículo.

Si un asistente va hasta el montículo y saca al lanzador (lo sustituye) y luego el manejador va hasta el montículo a hablar con el nuevo lanzador, ya este solo hecho constituye una visita al nuevo lanzador en ese inning.

144

En el caso de que el manejador haya hecho un primer viaje al montículo y regresa una segunda vez en el mismo inning, estando en el juego el mismo lanzador y el mismo bateador tomando turno, y después de haber sido advertido por el árbitro que no puede regresar al montículo, el manejador será expulsado del juego y se obligará al lanzador a lanzarle a dicho bateador, hasta que éste sea puesto out o se convierta en corredor de bases, el mencionado lanzador debe también ser expulsado del juego. El manejador debe ser notificado de que su lanzador será sacado del juego después que termine de lanzarle al bateador, de tal forma que pueda calentar un nuevo lanzador.

Al lanzador sustituto le será permitido ocho lanzamientos preliminares desde el montículo, o más si a juicio del árbitro las circunstancias así lo justifican.

9.00 El árbitro

9.01 (a) El presidente de la Liga designará a uno o más árbitros (árbitros) para actuar oficialmente en cada juego de campeonato de la liga. Los árbitros serán los responsables de que el juego se desarrolle en concordancia con estas reglas oficiales y que se mantenga la disciplina y el orden en el campo de juego durante el partido.

(b) Cada árbitro (árbitro) es el representante de la liga y del beisbol profesional, y está autorizado y obligado a hacer respetar todas estas reglas. Cada árbitro tiene la autoridad para ordenarle a un jugador, asistente, manejador o abstenerse de realizar cualquier acto que afecte la aplicación de esta regla, y a imponer las sanciones prescritas.

Comentario: además de hacer cumplir estas reglas, los árbitros de grandes ligas, deberán hacer cumplir el "Manual para árbitros" de la asociación Nacional de Ligas Profesionales de Beisbol.

(c) Cada árbitro tiene la autoridad para descalificar a cualquier jugador, asistente, manejador o sustituto por protesta de sus decisiones y por asumir una conducta antideportiva o utilizar un lenguaje inapropiado, y podrá expulsar del terreno a la persona que incurra en ello. Si un árbitro descalifica a un jugador mientras esté desarrollando una jugada, no se aplicará dicha descalificación hasta tanto no haya posibilidad de más acciones en dicha jugada.

(d) Cada árbitro tiene la autoridad para descalificar a cualquier jugador, asistente, manejador o sustituto por protestar sus decisiones o por asumir una conducta antideportiva o utilizar un lenguaje inapropiado, y podrá expulsar del terreno a la persona que incurra en ello. Si un árbitro descalifica a un jugador mientras esté desarrollando una jugada, no se aplicará dicha descalificación hasta tanto no haya posibilidad de más acciones en dicha jugada.

(e) Cada árbitro (árbitro) tiene autoridad discrecional de expulsar del campo de juego a (1) cualquier persona cuyas ocupaciones lo autoricen a estar en el campo de juego, tales como personal de mantenimiento, acomodadores, fotógrafos, periodistas, miembros de las transmisiones de radio o TV, etc., (2) Cualquier espectador u otra persona no autorizada para estar en el campo de juego.

9.02 (a) Cualquier decisión de los árbitros que sea a criterio, tales como, pero sin ser limitativas, de que si un batazo fue fuera o foul, o si un lanzamiento fue strike o bola, o si un corredor fue out o safe, es inapelable. Ningún jugador, asistente, manejador o sustituto, podrá objetar tales decisiones de apreciación.

Los jugadores que dejen su posición a la defensiva o de sus bases, o manejador o asistente que salgan del banco, o asistentes que salgan de su caja de asistente, para discutir sobre BOLAS Y STRIKES, no se les permitirá hacerlo. Deben ser advertidos, si comienzan a protestar, de la sentencia de continuar haciéndolo se les expulsará del juego.

(b) De existir una duda razonable de que una decisión del árbitro pueda estar en conflicto con estas reglas, el manejador puede apelar la decisión y exigir que se aplique la reglamentación correcta. Este tipo de apelación solo le será hecha al árbitro que realizó la decisión protestada.

(c) Si se apela una decisión, el árbitro que esté decidiendo puede consultar con otro árbitro (árbitro) antes de tomar su decisión final. Ningún árbitro debe criticar, a menos que lo haya solicitado el otro árbitro.

El manejador o el receptor pueden pedirle al árbitro principal solicitar ayuda a sus compañeros para determinar sobre si el bateador hizo un medio swing sobre un lanzamiento, cuando el árbitro principal haya cantado `bola´, pero no podrá hacerse cuando dicho lanzamiento haya sido cantado `strike´. El manejador no podrá quejarse de que el árbitro haya hecho una sentencia inapropiada, sino solamente indicarle que no consultó a su compañero para pedirle su ayuda. Los árbitros del resto del campo deben estar alertas y responder rápidamente a la consulta que les haga el árbitro principal. Los manejadores no podrán protestar una sentencia de bola o strike bajo el pretexto de pedir información sobre un medio `swing´.

Las apelaciones que se hagan sobre un medio `swing´, sólo se podrán hacer cuando se cante una bola, y cuando ello se haga el árbitro principal consultará al árbitro de bases para conocer su juicio al respecto. Si el árbitro de bases considera que el lanzamiento fue strike, dicha decisión prevalecerá.

Los corredores de bases deben estar alerta y pendientes de la posibilidad de que el árbitro de bases, al ser consultado por el árbitro principal, pueda cambiar la sentencia `bola´ por la de `strike´, en cuyo evento el corredor estaría en peligro de ser puesto out por un tiro del receptor (receptor). Así mismo, el receptor debe estar alerta en una situación de robo, si una pelota cantada bola se cambia por strike or el árbitro de base.

Cuando hay apelación por un `medio swing´, la pelota sigue en juego.

Comentario: se dice que el medio swing se lleva a cabo cuando el bateador pasa con su bate la parte frontal del home plate, algunos otros hablan de partirse las muñecas, pero más exacta y más utilizada es la primera de ella, en todo caso queda a la apreciación del árbitro al que toque el caso

Si el manejador sale a protestar por un `medio swing´ sea con el árbitro de la primera o de la tercera y después de que le advierte, continúa en su protesta, puede ser expulsado de juego ya que ésta es una jugada de apreciación y por tanto no admite discusión.

(d) Ningún árbitro se puede cambiar durante un juego a menos de que sea por lesión o enfermedad.

9.03 (a) Si solamente ha sido designado un solo árbitro éste tendrá la jurisdicción completa de la administración de estas reglas. Puede ubicarse en cualquier posición del terreno que le permita cumplir con sus funciones (usualmente detrás del receptor pero algunas veces detrás del lanzador cuando hay corredores en base).

Comentario: en las academias de árbitros una de las más importantes clases y el mayor tiempo de práctica se dedica a la posición en que debe estar cada árbitro en cada situación y

como debe colocarse en cada caso para tener la mejor vista de la jugada.

(b) Si hay dos o más árbitros (árbitros) se designará a uno de ellos como árbitro principal (chief árbitro) y los demás serán árbitros auxiliares.

9.04 (a) El árbitro principal (chief árbitro) se coloca detrás del receptor (usualmente se le llama árbitro del home). Sus deberes serán los siguientes:

(1) Asumir la dirección y ser responsable, del correcto desarrollo del juego.

(2) Cantar y llevar la cuenta de las bolas y strikes.

(3) Cantar y decretar las pelotas fair y foul excepto aquellas que comúnmente están a cargo de los árbitros auxiliares.

(4) Hacer todas las decisiones con respecto al bateador.

(5) Hacer todas las decisiones excepto aquellas que comúnmente están reservadas a los árbitros auxiliares.

(6) Decidir cuando un juego debe ser confiscado (forfeit).

(7) Si se ha fijado un límite de tiempo, debe anunciarlo antes de iniciarse el juego.

(8) Informar al anotador oficial, la alineación (orden de bateo) y cualquier otro cambio en ella, al serle solicitado.

(9) Anunciar las reglas especiales de terreno a su discreción.

(b) Un árbitro auxiliar puede tomar la posición en el terreno de juego que a su juicio sea la mejor, para dar decisiones en las bases. Sus deberes son:

(1) Efectuar todas las decisiones en las bases excepto aquellas que estén reservadas específicamente al árbitro principal.

(2) Tener autoridad concurrente con el árbitro principal en lo que se refiere a cantar tiempo, balk, lanzamientos ilegales, y deterioro de la pelota ocasionado por cualquier jugada.

(3) Ayudar al árbitro principal en todo para hacer cumplir, con excepción de la declaratoria de confiscación (forfeit) y tendrá igual autoridad que el árbitro principal para hacer cumplir estas reglas y mantener la disciplina.

(c) Si en un juego se han hecho diferentes decisiones por árbitros diferentes, el árbitro principal convocará a consulta a todos los árbitros auxiliares sin la presencia de los manejadores o jugadores. Después de la consulta el árbitro principal (a menos de que el presidente de la Liga haya designado a otro árbitro) será quien determine cuál es la decisión que prevalece, basándose en cuál árbitro se encontraba en la mejor ubicación y cuál de las decisiones era la aparentemente más correcta.

El juego continuará como si sólo se hubiese producido la decisión que fundamentalmente fue tomada.

Comentario: los mayores conocedores de las reglas dentro de un terreno de juego son los árbitros es por ello que no dedicaremos mucho tiempo a comentar las reglas que los rigen, pues estas son claras y conocidas de sobra por ellos.

9.05 (a) el árbitro reportará (informará) al presidente de la Liga, en un plazo de 12 horas después de haber finalizado el juego, todas las violaciones de las reglas, y otros incidentes que estime conveniente comentar así como las razones que tuvo para expulsar del juego a un entrenador, manejador, asistente o jugador.

 (b) Cuando cualquier entrenador, manejador, asistente o jugador sea expulsado del juego por una flagrante ofensa, tales como el uso de lenguaje obsceno o indecente, asalto a un árbitro, entrenador, manejador, asistente o jugador, el árbitro debe informar al presidente de la Liga, dentro de un lapso de cuatro horas después de finalizado el partido, todos los detalles de lo ocurrido.

Comentario: normalmente se hace un nota de estas en la hoja de anotación y el anotador debe estar presto para colocar los comentarios del árbitro sin cambios ni enmiendas.

(c) Después de haber realizado el reporte del árbitro de que un entrenador, manejador, asistente o jugador fue expulsado de un juego, el presidente de la Liga deberá imponer las sanciones que a su juicio se justifiquen, y lo notificará a la persona sancionada y al manejador del equipo al cual pertenezca dicha persona. Si la sanción contempla el pago de una multa, la persona sancionada deberá pagarle a la Liga dentro de los cinco días siguientes después de haber sido notificado. La falta de pago oportuno, dentro del lapso señalado, ocasionará que el sancionado no pueda participar en ningún juego y le será prohibido sentarse en el banco durante un juego, hasta tanto la multa sea pagada.

Comentario: dejar las sanciones a la sola discreción de una persona no es conveniente, las sanciones deben estar en el reglamento de la liga por escrito y disponibles para cualquier entrenador o jugador que las solicite.

INSTRUCCIONES GENERALES PARA LOS ÁRBITROS

Los árbitros que estén actuando en el campo de juego, no deberán inmiscuirse en conversaciones con los jugadores; mantenerse fuera de las cajas de asistente y no conversar con el asistente que se encuentre desempeñando sus funciones propias.

Deben mantener su uniforme en buenas condiciones y estar activos y alertas en el campo de juego.

Ser corteses con los directivos de equipos, evitar hacer visitas a las oficinas del equipo y familiarizarse con los empleados y encargados de los equipos, cuando entran a un estudio, su única misión es la de servir de árbitro en un juego y actuar como el representante del beisbol.

No permitir que las críticas le impidan estudiar cuidadosamente aquellas situaciones conflictivas que pudieren llevar a que un juego sea protestado. Llevar siempre consigo el libro de reglas durante el desempeño de sus funciones. Es mejor consultar las reglas y mantener un compás de espera de diez minutos para decidir sobre un problema complejo, que llevar a que un juego sea anulado y se tenga que repetir.

Comentario: en la mayor parte de las liga aficionadas esto no se cumple mayormente por las características de la posición, pero si he tenido la oportunidad de ver en muchos casos es que el anotador oficial posee las reglas.

Mantener el juego en movimiento. A menudo un juego queda mejor por el trabajo enérgico y esforzado de los árbitros.

Comentario: Major League Baseball ha hecho grandes esfuerzos para reducir el tiempo de los partidos en los últimos años, con la idea de hacer los partidos más accesibles a las grandes cadenas de televisión, los árbitros pasan a ser las grandes vedettes de esta necesidad de las grandes ligas y de sus políticas que por extensión e imitación llegan a ligas de todo el mundo

Los árbitros son los únicos representantes oficiales en el terreno de juego. Muchas veces resulta ser un trabajo exigente que requiere el ejercicio de mucha paciencia y buen juicio, pero no deberá olvidar que el punto esencial del trabajo para resolver una situación difícil es la de mantener su propio temperamento bajo control.

Comentario: he observado en muchas ligas que se permite la interferencia en el desarrollo del juego de personeros de la liga o del anotador en franca violación de esta regla, las cuestiones de reglamento interno que deban discutirse serán llevadas a la reunión de la liga y jamás dentro del terreno de juego.

No deben dudar que pueden cometer errores, pero nunca deben tratar de `emparejar´ después de haber hecho una decisión errada. Deben tomar sus decisiones tal como las observan y olvidarse de cual es el equipo local o el visitador.

Comentario: la violación de esta norma es constante y muchas veces hasta entendible.

Mantener su vista todo el tiempo sobre la pelota mientras ésta está en juego. Es mucho más importante ver donde cayó un elevado (fly ball), o donde finalizó una pelota lanzada, que por ejemplo darse cuenta si algún bateador dejo de pisar una base. No deben cantar las jugadas con demasiada prisa no voltearse rápidamente cuando un fildeador está lanzando para completar un doble out. Mantenerse alerta con respecto a las pelotas que se le hayan podido caer a un fildeador después que haya declarado a un corredor out.

No deben venir corriendo con las manos en alto o abajo señalando `out´ o `safe´, sino esperar que se complete la jugada antes de hacer cualquier gesto.

Comentario: la mayor parte de las reclamaciones que hacen los manejadores a los árbitros es generada por la doble decisión o la corrección de una decisión tomada, el tiempo para que no tenga que hacer cambios a la misma, si bien algunas veces el público y sobre todo los narradores, hacen burla de las dilaciones en las decisiones arbitrales estas son necesarias muchas veces para evitar males mayores.

Cada equipo de árbitros debe trabajar con un grupo de señas sencillas, de tal forma que un árbitro se pueda dar cuenta de que cometió un error y pueda corregirlo oportunamente. Cuando el árbitro esté convencido de que su decisión fue la correcta no debe dejarse "cayapear" por los jugadores que le dicen "pregúntele a otro árbitro", de no estar seguro, debe preguntarle a uno de sus colegas, no obstante no debe llevar esto al extremo de hacer consultas a cada rato; debe siempre estar alerta y cantar sus propias jugadas. Pero debe recordar que lo principal es dar decisiones correctas. Si tiene dudas no debe titubear de hacer consultas. La dignidad del árbitro es muy importante pero nunca es más importante que la decisión sea la correcta.

Comentario: un buen juego de señas es fundamental y casi ningún jugador o entrenador de las ligas aficionadas, e incluso muchos en ligas profesionales, sabe que los árbitros pueden

utilizar señales y con que finalidad lo hacen, así que el árbitro debe aprovechar esa ventaja.

Una regla muy importante para los árbitros es la de estar siempre "EN POSICION DE VER CADA JUGADA". Aun cuando su decisión sea cien por ciento acertada, los jugadores siempre cuestionarán que no estaba colocado para poder ver la jugada en forma clara y definida.

Finalmente, el árbitro debe ser cortés, imparcial y firme, y de esa forma atraerse el respeto de todos.

Comentario: volvemos a la caballerosidad que debe imperar en el beisbol.

10.00 El Anotador Oficial

10.01 (a) El presidente de la liga designará un anotador oficial para cada juego del campeonato de la liga. El anotador oficial observará el juego desde una posición en el palco de la prensa. El anotador tendrá la única autoridad para adoptar todas las decisiones que impliquen juicio, tales como si el avance de un bateador a primera base es a consecuencia de un hit o un error. Él comunicará dichas decisiones al palco de prensa y a las casetas de radio mediante señas hechas con la mano o a través del sistema de intercomunicadores del palco de prensa, e informará al anunciador oficial de tales decisiones si son solicitadas.

Comentario: la función fundamental del anotador es la de generar información y esta debe ser oportuna, esta debe estar completamente disponible, al momento para ayudar al buen desarrollo de transmisiones radiales o televisivas.

El anotador oficial deberá realizar todas las decisiones oficiales dentro de las veinticuatro (24) horas después que un juego haya sido oficialmente concluido. Ninguna decisión será cambiada después de esto, excepto, que el anotador puede hacer una petición inmediata al presidente de la liga para realizar un cambio, citándose las razones por la cual se originó. En cualquier caso, al anotador oficial no le está permitido tomar una decisión la cual esté en conflicto con las reglas de anotación.

Comentario: esta es una norma relativa al beisbol profesional, en la realidad de otras ligas no es común que se tomen decisiones luego de concluido el encuentro, pero, la regla lo prevé y así mismo puede ser usado por el anotador oficial.

Después de cada juego, incluyendo forfeit y los juegos declarados terminados, el anotador preparará un informe, en un modelo ordenado por el presidente de la liga, registrando la fecha del juego, lugar donde fue jugado, los nombres de los equipos competidores y los árbitros, la anotación completa del juego, y todos los récords individuales de los jugadores, compilados de acuerdo con sistema especificado en estas Reglas Oficiales de Anotación. Él enviará este reporte a la oficina de la liga dentro de las treinta y seis horas después que el juego finaliza. Él enviará el reporte de cualquier juego suspendido, dentro de un lapso de treinta y seis horas después que el juego haya sido completado, o después que se convierta en juego oficial porque no pudo ser completado, como está determinado por las Reglas Oficiales del Juego.

Comentario: los términos en tiempo que se establecen en toda la regla varían dependiendo de las condiciones de la liga y cada una de ellas reglamentará dependiendo de sus propias necesidades.

Las señas que usan normalmente los anotadores son las siguientes:

- **Error: con los dedos pulgar e índice, es igual que la seña de ok, posteriormente deberá señalar con el índice la posición del jugador que lo cometió.**
- **Hit: el anotador señala la bola con el índice, esto será para los casos en los que haya alguna duda razonable en la jugada.**
- **Passed Ball: el anotador señala al receptor con dos dedos.**
- **Wild Pitdch: el anotador señala al lanzador con un dedo.**

(b) (1) Para obtener uniformidad al llevar los récords de los juegos de campeonato, el anotador se ajustará estrictamente a las Reglas Oficiales de Anotación. El anotador tendrá autoridad para reglamentar sobre cualquier punto no específicamente cubierto en estas reglas.

Comentario: también deberá tomar en cuenta el reglamento de la liga.

(2) Si los equipos cambian de posición antes de que tres hombres sean puestos out, el anotador deberá informar inmediatamente al árbitro de la equivocación.

Comentario: en este caso el anotador solo informa la irregularidad, el árbitro será quien tome las acciones pertinentes. Lo importante de este punto es que aquí se fija el

único instante en el que el anotador puede denunciar una irregularidad dentro del line up.

(3) Si el juego es protestado o suspendido, el anotador tomará nota de la situación exacta en el momento de la protesta o suspensión, incluyendo la anotación, el número de outs, la posición de todos los corredores, y la cuenta de bolas y strikes sobre el bateador.

Comentario: recordemos que el juego suspendido deberá continuar en la misma situación, el garante de esto es el anotador oficial, quién debe llevar al instante toda la información requerida.

NOTA: Es importante que un juego suspendido se reanude en la misma situación que existía en el momento de la suspensión. Si se ordena que un juego protestado vuelva a jugarse a partir del punto de la protesta, éste debe ser reanudado exactamente en la situación que existía justamente antes de la jugada protestada.

(4) El anotador no adoptará decisión que esté en conflicto con las Reglas Oficiales de Anotación o con la decisión de un árbitro.

Comentario: la decisión del árbitro siempre primará sobre la apreciación del anotador, salvo consulta.

(5) El anotador no llamará la atención del árbitro o de cualquier miembro de uno u otro equipo, por el hecho de que un jugador esté bateando fuera de turno

(c) El anotador es un representante oficial de la liga y tiene derecho al respeto y a la dignidad de su cargo, y está garantizada su completa protección por el presidente de la liga. El anotador reportará al presidente cualquier ofensa expresada por cualquier dirigente, jugador, funcionario o empleado del equipo, en el curso de, o como resultado del desempeño de sus funciones.

10.02 El reporte del anotador oficial, ordenado por el presidente de la liga, proporcionará los medios para anotar las informaciones que más abajo se describe, en una forma conveniente para la compilación permanente de récords estadísticos.

Comentario: con este extraño nombre de reporte del anotador oficial se designa a nuestra conocida hoja de anotar, esta puede tener diversas formas y estilos, así que cada liga escogerá una sola hoja para cada torneo, para perseguir el fin de la uniformidad para tratar de evitar problemas al efectuar los resúmenes y producir las estadísticas.

(a) Los siguientes récords para cada bateador y corredor:

(1) Número de veces que ha bateado **VB**, excepto que no se le apuntará vez al bate a un jugador cuando:

I) Él toque la bola de sacrificio **SH** o un fly de sacrificio **SF**.

II) A él se le adjudique la primera base por cuatro bolas cantadas **BB**.

III) Él es golpeado por una pelota lanzada **GP**.

IV) A él se le adjudique la primera base a causa de interferencia **IN** u obstrucción **OB**.

(2) Número de carreras anotadas **CA**.

(3) Número de hits conectados **H**.

(4) Número de carreras impulsadas **CI**.

(5) Hits de dos bases **2B**.

(6) Hits de tres bases **3B**.

(7) Cuadrangulares **HR**.

(8) Total de bases en hits conectados **TB**.

158

(9) Bases robadas **BR**.

(10) Toques de bola de sacrificio **SH**.

(11) Flys de sacrificio **SF**.

(12) Número total de bases por bolas **BB**.

(13) Lista por separado de todas las bases por bolas intencionales **BBI**.

(14) Número de veces golpeado por una bola lanzada **GP**.

(15) Número de veces que se le ha adjudicado la primera base por interferencia **IN** u obstrucción **OB**.

(16) Ponchados **K**.

(b) Los siguientes récords para cada fildeador.

(1) Número de outs **PO**.

(2) Número de asistencias **A**.

(3) Número de errores **E**.

(4) Número de doble plays en que ha tomado parte **DP**.

(5) Número de triple plays en que ha tomado parte **TP**.

(c) Los siguientes récords para cada lanzador.

(1) Número de entradas lanzadas **Inn**.

NOTA: Al calcular las entradas lanzados, cuenta cada out realizado como un tercio de entrada. Si un lanzador abridor es reemplazado con un out en la sexta entrada, acredite a ese lanzador con 5 1/3 entradas. Si un lanzador abridor es reemplazado sin outs en la sexta entrada acredite a ese lanzador con cinco entradas, y marque en la anotación que él se ha enfrentado a bateadores en el sexto. Si un lanzador relevo retira a dos bateadores y luego es reemplazado, se le acredita 2/3 de entradas lanzadas.

(2) Número total de bateadores que se le han enfrentado **AB**.

(3) Número de bateadores que oficialmente han concurrido a batear contra del lanzador, calculado de acuerdo con la 10.02 (a) (1).

(4) Número de hits permitidos **HP**.

(5) Número de carreras permitidas **CP**.

(6) Número de carreras limpias permitidas **CL**.

(7) Número de cuadrangulares permitidos **HrP**.

(8) Número de toques de bolas de sacrificios permitidos **ShP**.

(9) Número de flys de sacrificios permitidos **SfP**.

(10) Número total de bases por bolas otorgadas **BB**.

(11) Lista por separado de todas las bases por bolas intencionales permitidas **BBI**.

(12) Número de bateadores golpeados por bolas lanzadas **GP**.

(13) Número de ponchados **K**.

(14) Número de wild pitches **WP**.

(15) Número de balks **BK**.

(d) Los siguientes datos adicionales:

(1) Nombre del lanzador ganador.

(2) Nombre del lanzador perdedor.

(3) Nombre del lanzador abridor y del lanzador que termina el juego por cada equipo.

(4) Nombre del lanzador a quien se le acredita el juego salvado **S**.

(e) Número de passed balls **PB** permitidos por cada receptor.

(f) Nombre de los jugadores participantes en jugadas de doble out **DP** y triple out **TP**.

Ejemplo: Dobles plays -- González, Pérez y Hernández (2), Triple plays – Linares y Cuevas.

(g) Número de corredores dejados en base por cada equipo. Este total incluirá a todos los corredores que se quedaron en bases por cualquier razón y que no anotaron y que no fueron puestos out. Incluya en este total a un bateador-corredor cuya bola bateada dio como resultado que otro corredor fuera retirado para el tercer out.

(h) Nombres de los bateadores que conecten cuadrangulares con las bases llenas (Grand Slams).

(i) Nombre de los bateadores que motivaron un doble out forzado y doble out forzado inverso.

(j) Nombre de los corredores cogidos robando.

(k) Número de outs cuando se anotó la carrera del triunfo, si el juego se gana en la última mitad de la entrada final.

(l) La anotación por entradas de cada equipo.

(m) Nombre de los árbitros, registrados en este orden (1) árbitro de home, (2) árbitro de primera base, (3) árbitro de segunda base, (4) árbitro de tercera base.

(n) Tiempo requerido para jugar el juego, deduciendo las demoras a causa del mal tiempo o por falta de luces.

10.03 (a) Al compilar el reporte de la anotación oficial, el anotador oficial registrará el nombre de cada jugador y su posición o posiciones al campo en el orden en el cual el jugador bateó, o pudo haber bateado si el juego finaliza antes de que él llegue a batear.

Comentario: extrañamente no se nombran los números con los que se anotan cada una de las posiciones 1 lanzador, 2 receptor, 3 primera base, 4 segunda base, 5 tercera base, 6 campocorto, 7 jardinero izquierdo, 8 jardinero central, 9 jardinero derecho, DH en las ligas en las que se permita bateador designado y BA bateador asignado en las ligas donde aplique la regla.

NOTA: Cuando un jugador no sea cambiado de posición con otro jugador, pero es simplemente colocado en diferentes sitios para un determinado bateador, no deberá ser registrado como en una nueva posición.

EJEMPLOS: (1) El segunda base es situado en los jardines para formar cuatro jardineros, **(2)** El tercera base es movido a la posición entre el torpedero y la segunda base.

(b) Cualquier jugador que entre en juego como bateador o corredor sustituto, ya sea o no que él continúe en el juego después de eso, será identificado en el orden al bate por un símbolo especial, el cual se referirá a un récord por separado de los bateadores y corredores sustitutos. Las letras minúsculas se recomiendan como símbolo para los bateadores sustitutos y los números como símbolo para los corredores sustitutos. El récord de los bateadores; describirá lo que hizo el bateador sustituto.

EJEMPLOS: (a) Hit por Lima en la tercera entrada; (b) Out en fly por Avilés en la sexta entrada; (c) forzó a Menéndez por Rondón en la séptima entrada; (d) Out en roletazo por Mena en la novena entrada; 1. Corrió por Avilés en la novena entrada.

El récord de los bateadores y corredores sustitutos incluirá el nombre de cualquiera de dichos sustitutos cuyo nombre sea anunciado, excepto que sea retirado por un segundo sustituto antes de que él realmente consiga entrar en juego. Dicha sustitución será anotada como: "e) Anunciado como sustituto por Mena en la séptima entrada". Cualquiera de dichos segundos sustitutos, serán anotados como bateando o corriendo por el primer sustituto anunciado.

COMO COMPROBAR UN ESTADO DE ANOTACIÓN

(c) Un estado de anotación del juego está en balance (o comprobado) cuando el total de las veces al bate de un equipo, las bases por bolas recibidas, los bateadores golpeados por bolas lanzadas, los toques de bola de sacrificio, los flys de sacrificio y los bateadores que se le han adjudicado la primera base a causa de interferencia u obstrucción, es igual al total de las carreras de ese equipo, jugadores dejados en base y los outs realizados por el equipo contrario.

CUANDO UN JUGADOR BATEA FUERA DE TURNO

(d) Cuando un jugador batea fuera de turno y es puesto out, y el bateador propio es declarado out antes de que la bola sea lanzada al siguiente bateador, apúntele al bateador propio una vez al bate y anote el out realizado y cualquier asistencia, lo mismo que si hubiera seguido el orden al bate correcto. Si un bateador impropio se convierte en corredor y el bateador propio es declarado out por haber perdido su turno al bate, apúntele al bateador propio una vez al bate, acredítele el out realizado al receptor, e ignore todo lo concerniente al arribo del bateador impropio a la base. Si más de un bateador batean fuera de turno en sucesión, anote todas las jugadas exactamente como ellas ocurren, pasando por alto el turno al bate del jugador o jugadores que primero dejaron de batear en el propio orden.

Comentario: recordemos que las jugadas las canta el árbitro el anotador solamente tomará la nota de lo sucedido.

JUEGOS DECLARADOS TERMINADOS Y JUEGOS POR FORFEIT

(e) (1) Si un juego reglamentario es declarado terminado, incluye todos los récords individuales y lo realizado por el equipo hasta el momento en que el juego finaliza, como se define en las Reglas 4.10 y 4.11. Si es un juego empatado, no anote lanzador ganador o perdedor.

(e) (2) Si un juego reglamentario en declarado forfeit, incluya todos los récords individuales y los del equipo hasta el momento del forfeit. Si el equipo ganador por forfeit, tiene ventaja en el momento del forfeit, anote como lanzador ganador, y perdedor a los jugadores que habrían estado habilitados si el juego hubiera sido declarado terminado en el momento del forfeit. Si el equipo ganador por forfeit está perdiendo o si la anotación está empatada en el momento del forfeit, no anote lanzador ganador o perdedor. Si un juego es declarado forfeit antes y de se convierta en un juego reglamentario, no incluya los récords, reporte solamente motivo del forfeit

CARRERAS IMPULSADAS

10.04 (a) Acredítele al bateador, una carrera impulsada por cada carrera que llegue al home a causa de hit conectado por el bateador, y toque de bola de sacrificio, fly de sacrificio, outs realizados por los jugadores del cuadro o fielder's choice; o que la carrera es forzada hacia el home en razón de que el bateador se convirtió en corredor con las bases llenas (por una base por bolas, o por la adjudicación de la primera base por haber sido tocado por una bola lanzada, o por interferencia o por obstrucción).

(1) Acredite una carrera impulsada a la carrera anotada por el bateador que conecta un cuadrangular. Acredite una carrera impulsada por cada corredor que está en base cuando se conecta el cuadrangular y que anote delante del bateador que conectó el cuadrangular.

Comentario: al bateador de un jonrón con dos en bases recibirá la anotación de tres carreras impulsadas a su cuenta.

(2) Acredite una carrera impulsada la carrera anotada cuando, antes de dos outs, se comete un error sobre una jugada, en la cual un corredor ordinariamente habría anotado desde tercera base.

Comentario: esta es una jugada en la que solamente la apreciación del anotador está en juego. Recomiendo hacer mucho caso a la actitud de corredor de tercera.

(b) No acredite una carrera impulsada cuando el bateador batea de roletazo para un doble play forzado o un doble play forzado a la inversa.

Comentario: doble play forzado a la inversa es el doble play que ejemplifiqué con la jugada de Pompeyo Davalillo (regla 7.07 e).

(c) No acredite una carrera impulsada cuando a un fildeador se le apunta un error a causa de que él dejó escapar una tirada a primera base la cual hubiera completado un doble play forzado. No acredite una carrera impulsada cuando a un fildeador se le apunta un error a causa de que él dejó escapar una tirada a primera base la cual hubiera completado un doble play forzado.

(d) El juicio del anotador debe determinar si una carrera impulsada será acreditada a la carrera que se anota cuando un fildeador retiene la bola, o tira a una base equivocada. ordinariamente, si el corredor sigue corriendo, acredite una carrera impulsada; si el corredor se detiene y arranca de nuevo cuando él se da cuenta de la mala jugada, acredite la carrera como anotada en un fielder's choice.

Comentario: veamos algunas cosas en este aparte, el anotador debe juzgar sobre la posibilidad real de que el corredor anotase a pesar de que el fildeador hubiese hecho la jugada bien, tal y como se aprecian los errores con batazos complicados al infield. La actitud el corredor vuelve a ser fundamental para una correcta decisión.

HITS

10.05 Un hit se anotará en los siguientes casos:

(a) Cuando un bateador llegue a primera base (o cualquier base siguiente) sin contratiempo alguno mediante una bola bateada de fair la cual se queda sobre el terreno o da contra la cerca antes se ser tocada por el fildeador, o la cual pasa sobre una cerca;

(b) Cuando un bateador llegue a primera base sin contratiempo alguno en una bola bateada de fair con tal fuerza, o tan lentamente, que cualquier fildeador que trate de realizar una jugada sobre ella no tenga oportunidad de hacerlo;

NOTA: Un hit se anotará si el fildeador tratando de manipular la bola no puede realizar una jugada, aunque dicho fildeador desvíe la pelota o intercepte a otro fildeador que podía haber puesto out a un corredor.

Comentario: todo depende de que el anotador considere que, aunque el fildeador hubiese retenido la bola, no hubiese habido out.

(c) Cuando un bateador llegue a primera base sin contratiempo alguno al batear una bola de fair la cual da un salto irregular de tal forma que un fildeador no puede cogerla con un esfuerzo ordinario, o que dé contra la goma del lanzador o cualquier base (incluyendo el home), antes de ser tocada por un fildeador y rebote en forma tal que un fildeador no pueda cogerla haciendo un esfuerzo ordinario;

(d) Cuando un bateador llegue a primera base sin contratiempo alguno al batear una bola de fair la cual no ha sido tocada por un fildeador y está en territorio fair cuando llega a los jardines, a menos que a juicio del anotador pudo haber sido manipulada con un esfuerzo ordinario;

(e) Cuando una bola de fair la cual no ha sido tocada por un fildeador toca a un corredor o a un árbitro. **EXCEPCION:** No anote un hit cuando un corredor es declarado out por haber sido golpeado por un Infield fly;

(f) Cuando un fildeador intenta, sin éxito, poner out a un corredor precedente, y a juicio del anotador, el bateador-corredor no hubiera sido puesto out en la primera base con un esfuerzo ordinario.

Comentario: cuidado con esta regla, algunos anotadores cometen el error de colocar que el corredor-bateador se embasa por fielder's chioce, ver la regla 10.06 letra a.

NOTA: Al aplicar las reglas más arriba mencionadas, conceda siempre al bateador el beneficio de la duda. Un método seguro a seguir es anotar hit cuando el fildeo excepcionalmente bueno de una bola no tiene éxito en cuanto al resultado de realizar el out.

Comentario: no solo se le da el beneficio de la duda al bateador, sino que se procura no imputar un error al fildeador a menos que sea evidente. En esta norma no escrita, el que sale perdiendo es el lanzador que carga con el hit.

10.06 Un hit no se anotará en los siguientes casos:

(a) Cuando un corredor es out forzado por una bola bateada, o pudo haber sido out forzado si no se produce un error de fildeo; Cuando un corredor es out forzado por una bola bateada, o pudo haber sido out forzado si no se produce un error de fildeo;

Comentario: este es el sentido del fielder choice. Por cierto el presidente de la Federación Venezolana de Beisbol, Edwin Zerpa, nos comentaba su disconformidad con la anotación de fielder choice en ciertas jugadas en las que si no hubiese habido el corredor en base se anotaría el hit al bateador.

Ejemplos;

1- Con hombre el primera el bateador conecta línea dura al jardinero central que captura de botes y tira al segunda base para hacer el out, la anotación oficial debe ser out en segunda del 8 al 4 y el bateador llega a primera por fielder's choice.

2- Con hombres en primera y segunda, el bateador conecta rolata por el campocorto, esta captura la bola de cabeza entre

short y tercera y solo podría hacer el out si fuerza al corredor en tercera. **Esta juggada se anota out el corredor en tercera del 6 al 5, el corredor de primera avanza a segunda y el bateador llega a primera por fielder's choice.**

Ambas jugadas se ajustan a la posición del Presidente de la federación venezolana de anotar el hit al bateador y el out a los corredores. Esta posición de Zerpa conllevaría a dar otra jugada de apreciación al anotador para su decisión.

(b) Cuando el bateador aparentemente conecta de hit sin contratiempo alguno y un corredor que está forzado a avanzar, en razón de que el bateador se convirtió en corredor deja de tocar la base a la cual él está avanzando y es declarado out en apelación. Acredítele al bateador una vez al bate pero no un hit;

(c) Cuando el lanzador, el receptor o cualquier jugador del cuadro manipula una bola bateada y pone out a un corredor precedente que está intentando avanzar una base, o retornando a su base original, o pudo haber sido puesto out dicho corredor Cuando el lanzador, el receptor o cualquier jugador del cuadro manipula una bola bateada y pone out a un corredor precedente que está intentando avanzar una base, o retornando a su base original, o pudo haber sido puesto out dicho corredor con un esfuerzo ordinario si no se produce un error de fildeo. Acredítele al bateador una vez al bate pero no un hit;

(d) Cuando un fildeador no tiene éxito en un intento de poner out a un corredor precedente y a juicio del anotador el bateador-corredor pudo haber sido puesto out en primera base;

NOTA: Esto no se aplica si el fildeador simplemente mira hacia o amaga a otra base antes de intentar realizar el out en primera base.

(e) Cuando un corredor es declarado out por interferencia con un fildeador que intenta capturar una bola bateada, a menos que a juicio del anotador el bateador-corredor podría haber sido safe de no haber ocurrido la interferencia.

PARA DETERMINAR EL VALOR DE LOS HITS

10.07 Si un batazo de hit debe ser anotado como hit de una base, de dos bases, de tres bases o cuadrangular cuando no sea a consecuencia de un error o de un out realizado será determinado como sigue:

(a) Sujeto a los requisitos de la 10.07 (b) y (c), es un hit de una base si el bateador se detiene en primera base; es un hit de dos bases si el bateador se detiene en segunda base, es un hit de tres bases si el bateador se detiene en tercera base; es un cuadrangular si el bateador toca todas las bases y anota.

(b) Cuando, con uno o más corredores en base, el bateador avanza más de una base con un batazo de hit y el equipo a la defensiva hace intento de poner out a un corredor precedente, el anotador determinará, si el bateador produjo legítimamente un hit de dos bases o un hit de tres bases o si él avanzó más allá de la primera base en un fielder's choice.

NOTA: No acredite al bateador con un hit de tres bases cuando un corredor precedente es puesto out sobre el home, o pudo haber sido puesto out si no es por un error. No acredite al bateador con un hit de dos bases cuando un corredor precedente tratando de avanzar desde primera puesto out en tercera base, o pudo haber sido puesto out si no es por un error. Sin embargo, con la excepción de lo más arriba señalado, no determine el valor de los hits por el número de bases que avance un corredor precedente. Un bateador puede merecer un hit de dos bases, aún cuando un corredor precedente avance una o ninguna base; él puede merecer solamente un hit de una base aún cuando llegue hasta la segunda base y el corredor precedente avance dos bases.

EJEMPLOS:

1- Corredor en primera, el bateador conecta un hit al jardín derecho, el tiro es a tercera base en un intento sin éxito de poner out al corredor. El bateador toma la segunda base. Acredítele al bateador un hit de una base.

2- Corredor en segunda. El bateador conecta un hit de fly. El corredor se detiene para determinar si la bola es cogida, y avanza solamente a tercera base, mientras el bateador llega a segunda. Acredítele al bateador un hit de dos bases. (3) Corredor en tercera. El bateador conecta un fly elevado de hit. El corredor adelanta y después regresa para realizar el pisa y corre, pensando que la bola puede ser cogida. La bola cae al suelo sin inconveniente alguno, pero el corredor no puede anotar, sin embargo el bateador ha llegado segunda. Acredítele al bateador un hit de dos bases.

(c) Cuando el bateador intenta obtener un hit de dos bases o de tres bases y se desliza, él debe retener la última base a la cual él avanza. Si él se pasa al deslizarse de dicha base y es tocado out antes de conseguir el retorno a la base sin inconveniente alguno, él debe ser acreditado solamente con tantas bases como alcanzó sin ningún contratiempo. Si él se pasa al deslizarse en segunda base y es tocado out, se le acreditará un hit de una base; si él se pasa al deslizarse en tercera base y es tocado out se le acreditará un hit de dos bases.

NOTA: Si el bateador sobrepasa corriendo la segunda base o tercera y es tocado out tratando de retornar, se le acreditará la última base que él tocó. Si él corre más allá de la segunda base después de haber llegado a esa base parado e intenta retornar y es declarado out, se le acreditará un hit de dos bases. Si él corre más allá de la tercera base después de haber llegado a esa base parado, e intenta retornar y es declarado out se le acreditará un hit de tres bases.

(d) Cuando el bateador, después de haber conectado un hit es declarado out por haber dejado de tocar una base, la última base que él tocó sin inconveniente alguno determinará si se le acredita un hit de una base, un hit de dos bases o un hit de tres bases. Si él es declarado out después de haber dejado de tocar el home, se le acreditará un hit de tres bases. Si él es declarado out por haber dejado de tocar la tercera base, se le acreditará un hit de dos bases. Si él es declarado out por haber dejado de tocar la segunda base, se le acreditará un hit de una base. Si él es declarado out por haber dejado de tocar la primera base, se le acreditará una vez al bate, pero no un hit.

(e) Cuando al bateador-corredor se le adjudican dos bases, tres bases o un cuadrangular conforme a los requisitos de las Reglas del Juego 7.05 ó 7.06(a), se le acreditará con un hot de dos bases, un hit de tres bases o un cuadrangular, según pueda ser el caso.

JUEGOS TERMINADOS POR HITS

(f) Sujeto a los requisitos de la 10.07 (g) cuando el bateador finaliza un juego con un hit el cual impulsa tantas carreras como sean necesarias para darle a su equipo la ventaja, se le acreditará solamente un hit de tantas bases como las que haya avanzado por el corredor que anotó la carrera de la victoria, y únicamente si el bateador recorre tantas bases como las que avanzó el corredor que anotó la carrera del triunfo.

NOTA: Aplique esta regla aún cuando el bateador teóricamente tenga derecho a más bases a causa de habérsele adjudicado un hit de extrabases "automático" sujeto a los varios requisitos de las Reglas de Juego 6.09 y 7.05.

(g) Cuando el bateador finaliza un juego conectando un cuadrangular fuera del terreno de juego, él y todos los corredores en base tienen derecho a anotar.

BASES ROBADAS

10.08 Una base robada se le acreditará a un corredor cuando él avanza una base sin la ayuda de un hit, un out realizado, un error, un out forzado, un fielder's choice, un passed ball, un wild pitch o un balk, sujeto a lo siguiente:

(a) Cuando un corredor sale hacia la próxima base antes de que el lanzador lance la bola y el lanzamiento da por resultado lo que ordinariamente se anota como un wild pitch o passed ball, acredítele al corredor una base robada y no apunte la mala jugada.
EXCEPCION: Si, como resultado de una mala jugada, el corredor que robó avanza una base extra, o avanza también otro corredor, anote el wild pitch o passed ball así como también la base robada.

Comentario: Lo más importante en la apreciación es la actitud de corredor, puesto que la anotación del robo, el wild o el passed ball, será en función de que el corredor haya arrancado a tomar la posesión de la siguiente almohadilla antes de producirse la jugada.

(b) Cuando un corredor está intentando un robo y el receptor realiza una mala tirada tratando de impedir el robo, acredite una base robada. No apunte un error a menos que la mala tirada permita que el corredor que salió al robo avance una o más bases extras, o permita que otro corredor avance, en cuyo caso acredite una base robada y apúntele un error al receptor.

Comentario: muchos anotadores pueden querer colocar el error al fildeador si pierde la bola, en el caso de la jugada de robo hay que tener mucho cuidado con colocar el error al infielder, este tendría que ser flagrante.

(c) Cuando un corredor que intenta un robo, o después de haber sido sorprendido fuera de la base, evita ser puesto out en una jugada de run-down y avanza a la próxima base sin la ayuda de un error, acredítele al corredor una base robada. Si otro corredor también avanza en la jugada, acredítele a ambos corredores bases robadas. Si un corredor avanza mientras otro corredor que intenta un robo, evita ser puesto out en jugada de run-down y retorna sin inconveniente alguno, sin la ayuda de un error, a la base que él ocupaba originalmente, acredítele una base robada al corredor que avanzó.

(d) Cuando se intenta un doble o un triple robo y un corredor es puesto out en tiro antes de llegar y retener la base que él intentó robar, a ningún otro corredor se le acreditará una base robada.

Comentario: en este caso se aplica la misma lógica del fielder's choice y se incurre en el mismo error al no observar la jugada en su contexto sino en el resultado, es muy probable que en un doble robo, en el que se pone out al corredor que va a tercera el corredor de segunda haya tomado y llegado a la base con suficiente tiempo, aún así se considera que llegó a segunda en la jugada. Recuerden que en la regla 10.08 (a) se expresa la importancia de la actitud del corredor en los wild y los passed ball, en este punto debería tomarse el mismo criterio, ambos corredores salieron a la conquista de la base, si alguno llega debería acreditársele la base robada.

(e) Cuando un corredor es declarado out después de pasarse al deslizarse en una base, mientras intenta o bien retornar a esa base o avanzar a la próxima base, no se le acreditará una base robada.

Comentario: esto no tiene sentido es tan irracional como no darle un hit a un bateador que conecta un batazo, llega a primera y continúa hacia la segunda tratando de convertir su batazo en doblete y es puesto out. Imaginen que este literal no le otorga el hit a ese bateador, así como no le da la base robada al corredor que se pasa de la base.

(f) Cuando a juicio del anotador un corredor que intenta robar es safe a causa de una tirada que se ha dejado escapar, no acredite una base robada. Acredite una asistencia al fildeador que hizo la tirada; apúntele un error al fildeador que dejó escapar la tirada, y apúntele al corredor, que fue cogido robando.

(g) No se anotará una base robada cuando un corredor avanza únicamente a causa de la indiferencia del equipo a la defensiva de impedir el avance. Anótelo como un fielder's choice.

Comentario: muchos anotadores prefieren hacer la acotación de indiferencia del infield como (Ind).

COGIDO ROBANDO

(h) A un corredor se le apuntará que fue "Cogido Robando" si él es puesto out, o habría sido puesto out, en una jugada sin error, cuando él:

(1) Trata de robar

(2) Es sorprendido fuera de una base e intenta avanzar (cualquier movimiento hacia la próxima base será considerado como un intento de avanzar).

(3) Se pasa de la base al deslizarse mientras está robando

NOTA: En aquellos casos donde la bola lanzada se le escapa al receptor y el corredor sea puesto out tratando de avanzar, no se cargara cogido robando. No acredite cogido robando cuando a un corredor se le concede una base debido a una obstrucción.

SACRIFICIOS

10.09 (a) Anote un toque de bola de sacrificio cuando, antes de dos out, el bateador adelanta a uno o más corredores con un toque de bola y él es puesto out en primera base, o pudo haber sido puesto out, a no ser por un error de fildeo.

Comentario: esta es otra norma a la que debe revisarse la redacción, cuando el toque de bola muestra la actitud de ser de sorpresa con la intención de embasarse, no debería anotarse el sacrificio. Esta consideración está en el literal (d) de esta regla, pero después de leer esta definición queda una duda enorme en quien trate estas reglas por primera vez.

(b) Anote un toque de bola de sacrificio cuando, antes de dos out, el fildeador acepta un toque de bola sin error en un intento sin éxito de poner out a un corredor precedente que está avanzando una base. **EXCEPCION:** Cuando en un toque de bola falla el intento de poner out a un corredor precedente, y a juicio del anotador una jugada perfecta no podía haber puesto out al bateador en primera base, el bateador se acreditará un hit de una base y no un sacrificio.

(c) No anote un toque de bola de sacrificio cuando cualquier corredor sea puesto out intentando avanzar una base en un toque de bola. Apúntele al bateador una vez al bate.

Comentario: se queda corta la regla se anota una vez al bate y su llegada a primera es por fielder's choice (FC)

(d) No anote un toque de bola de sacrificio cuando, a juicio del anotador, el bateador está tocando principalmente para anotarse un hit y no únicamente con el propósito de adelantar a un corredor o corredores. Apúntele al bateador una vez al bate

174

NOTA: Al aplicar la regla más arriba mencionada, conceda siempre al bateador el beneficio de la duda.

(e) Anote un fly de sacrificio cuando, con menos de dos outs, el bateador conecta una bola de fly o una línea rápida que es manipulada por un jardinero o un jugador de cuadro corriendo hacia el territorio de los jardines la cual:

(1) Es cogida, y un corredor anota después de la cogida, o

(2) Se cae la bola, y un corredor anota, si a juicio del anotador el corredor podía haber anotado después de la cogida de haber sido aceptado el fly.

NOTA: Anote un fly de sacrificio de acuerdo con la 10.09. (e) (2), aún cuando otro corredor sea out forzado en razón de que el bateador se convirtió en corredor.

OUTS REALIZADOS

10.10 Un out realizado se le acreditará a cada fildeador que (1) coja una bola de fly o de línea, ya sea en territorio fair o foul, (2) coja una bola tirada la cual pone out a un bateador o corredor, o (3) toque un corredor cuando dicho corredor está fuera de la base a la cual legalmente él tiene derecho.

(a) Outs realizados automáticos se le acreditarán al receptor como sigue:

(1) Cuando el bateador es declarado out por una bola bateada ilegalmente;

(2) Cuando el bateador es declarado out por toque de bola de foul sobre el tercer strike. (Observe la excepción de la 10.07. (a) (4)).

(3) Cuando el bateador es declarado out por haber sido golpeado por una bola bateada por él mismo;

(4) Cuando el bateador es declarado out por interferir al receptor;

(5) Cuando el bateador es declarado out por dejar de batear en su propio turno. (Ver 10.03. (d)).

(6) Cuando el bateador es declarado out por rehusar tocar la primera base después de recibir una base por bolas;

(7) Cuando un corredor es declarado out por rehusar avanzar desde tercera base a home con la carrera de la victoria.

(b) Otros outs automáticos serán acreditados como sigue (No acredite asistencias en estas jugadas excepto como esté especificado):

(1) Cuando el bateador es declarado out en un infield fly el cual no es cogido, acredite el out realizado al fildeador que el anotador crea que pudo haber hecho la cogida.

Comentario: sin importar si la bola es atrapada o no, nunca se acreditará error en el fildeo de un infield fly, aunque haya un avance provocado por la falta del fildeador.

(2) Cuando un corredor sea declarado out por haber sido golpeado por una bola de fair (incluyendo un Infield fly). Acredite el out realizado al fildeador más cerca de la bola;

(3) Cuando un corredor es declarado out por correr fuera de la línea para evitar ser tocado. Acredite el out realizado al fildeador a quien el corredor estaba eludiendo;

(4) Cuando un corredor es declarado out por pasar a otro corredor, acredite el out realizado al fildeador más cerca del punto donde se pasaron;

(5) Cuando un corredor es declarado out por correr las bases en orden inverso, acredite el out realizado al fildeador que cubría la base que él dejó al iniciar su recorrido a la inversa;

(6) Cuando un corredor es declarado out por haber interferido a un fildeador, acredítele el out realizado al fildeador a quien el corredor interfirió, a menos que el fildeador estuviera en el acto de tirar la bola cuando ocurrió la interferencia, en cuyo caso acredite el out realizado al fildeador hacia quien iba dirigida la tirada, y acredite una asistencia al fildeador cuya tirada fue interferida.

(7) Cuando el bateador-corredor declarado out a causa de la interferencia de un corredor precedente, como se estipula en las Reglas del Juego 6.05. (m), acredite el out realizado al primera base. Si el fildeador interferido estaba en el acto de tirar la bola, acredítese a él una asistencia, pero acredite solamente una asistencia sobre cualquiera de las jugadas conforme a los requisitos de la 10.10 (b) (6) y (7)

ASISTENCIAS

10.11 Una asistencia se le acreditará a cada fildeador que tire o desvíe una bola bateada o tirada en tal forma que dé como resultado un out realizado, o que pudo haber resultado, excepto por un error posterior de cualquier fildeador. Solamente una asistencia y no más se le acreditará a cada fildeador que tire o desvíe la bola en la jugada del corredor sorprendido entre bases que dé como resultado un out realizado, o pudo haber resultado un out, a no ser por un error posterior.

NOTA: Un simple contacto inefectivo con la bola no será considerado una asistencia. "Desviar" significará detener o cambiar la dirección de la bola y de ese modo asistir efectivamente en poner out a un bateador o corredor.

(a) Acredite una asistencia a cada fildeador que tire o desvíe la bola durante una jugada la cual de por resultado que un corredor sea declarado out por interferencia, o por corres fuera de la línea

(b) No acredite una asistencia al lanzador en un ponchado. **EXCEPCION:** Acredite una asistencia si el lanzador fildea un tercer strike que no fue cogido y realiza una tirada que da por resultado un out realizado.

(c) No acredite una asistencia al lanzador cuando como resultado de un mal lanzamiento legal recibido por el receptor, un corredor es puesto out, así como cuando el receptor sorprende a un corredor fuera de la base, pone out en tiro a un corredor tratando de robar, o taca a un corredor que trata de anotar.

(d) No acredite una asistencia a un fildeador cuya mala tirada permita avanzar a un corredor, aún cuando el corredor posteriormente sea puesto out como resultado de una jugada continuada. Una jugada que siga a continuación de una mala jugada (ya sea ésta o no un error) es una nueva jugada, y el fildeador que haga cualquier mala jugada no se le acreditará una asistencia a menos que él tome parte en la nueva jugada.

Comentario: cuidado con este literal, hay que observar cada jugada por separado, porque si no se puede acreditar error al fildeador debe anotarse la asistencia.

DOBLE PLAYS – TRIPLE PLAYS

10.12 Acredítele participación en un doble play o triple play a cada fildeador que logre realizar un out o una asistencia cuando dos o tres jugadores son puestos out entre el tiempo en que se realiza un lanzamiento y el tiempo en que la bola inmediatamente se convierta en muerta o se encuentre otra vez en posesión del lanzador en su posición de lanzar, a menos que ocurra un error, o una mala jugada entre los outs realizados.

NOTA: Acredite también el doble play o el triple play si en una jugada de apelación, después que la bola esté en posesión del lanzador, da como resultado un out adicional.

ERRORES

10.13 Un error se apuntará por cada mala jugada (dejar caer la bola, dejarla escapar o mala tirada) que prolongue el turno al bate a un bateador o que prolongue la vida de un corredor, o que permita a un corredor avanzar una o más bases.

Comentario: es importante resaltar la palabra prolongar el turno al bate, con eso se cargan los errores en batazos de fly en zona foul, aunque no haya avance de los corredores.

NOTA (1): El manejo lento de la bola que no implique una mala jugada mecánica no se interpretará como un error.

NOTA (2): No es necesario que un fildeador toque la bola para que se le apunte un error. Si una bola de roletazo pasa a través de las piernas de un fildeador o un fly de poca elevación se cae sin ser tocado y a juicio del anotador el fildeador pudo haber cogido la bola con un esfuerzo ordinario, se le apuntará un error.

Comentario: aunque muchos anotadores utilizan como criterio el toque de la bola con el guante para el error, sobre todo de los jardineros.

NOTA (3): Los errores mentales o de juicio no se anotan como errores a menos de que estén específicamente cubiertos en estas Reglas.

(a) Un error se le apuntará a cualquier fildeador cuando él deje escapar un fly de foul, que prolongue el turno al bate de un bateador, ya sea que el bateador posteriormente llegue a primera base o sea puesto out.

(b) Un error se le apuntará a cualquier fildeador cuando él coja una bola tirada o una bola bateada de roletazo con el tiempo para poner out al bateador-corredor y deje de tocar la primera base o al bateador-corredor.

(c) Un error se le apuntará a cualquier fildeador cuando él coja una bola tirada o una bola bateada de roletazo con el tiempo para poner out a cualquier corredor en una jugada forzada y deje de tocar la base o al corredor.

(d) (1) Un error se le apuntará a cualquier fildeador cuya mala tirada permita a un corredor llegar a una base sin inconveniente alguno, cuando a juicio del anotador una buena tirada habría puesto out al corredor.

EXCEPCION: No se apuntará error conforme a esta sección, si la mala tirada se hace en un intento de evitar una base robada.

Comentario: otra vez se queda corta la regla, no se anota si el corredor que acaba de robar la base no puede avanzar.

(2) Un error se le apuntará a cualquier fildeador cuya mala tirada en un intento de evitar el avance de un corredor, permita que ese corredor, o cualquier otro corredor avance una o más allá de la base que él habría alcanzado de no haber sido por una mala tirada.

(3) Un error se le apuntará a cualquier fildeador cuya tirada dé un rebote irregular, o toque una base, o la goma del lanzador, o le pegue a un corredor, a un fildeador o a un árbitro, y de ese modo permita el avance de cualquier corredor.

NOTA: Aplique esta regla aún cuando parezca ser una injusticia, a un fildeador cuyo tirada fue precisa. Cada base que avanza un corredor debe ser justificada.

(4) Apunte solamente un error en cualquier tirada mala, sin tener en cuenta el número de bases que avance uno o más corredores.

(e) Un error se le apuntará a cualquier fildeador cuyo descuido en detener, o tratar de detener, una tirada perfecta permita el avance de un corredor, siempre que fuere necesaria la tirada. Si dicha tirada se hace a segunda base, el anotador determinará si le correspondía detener la bola a la segunda base o al torpedero, y se le apuntará un error al jugador negligente.

NOTA: Si a juicio del anotador no habría necesidad de tirar, se le apuntará un error al fildeador que tiró la bola.

(f) Cuando un árbitro le adjudica al bateado, o a cualquier corredor o corredores una o más bases a causa de interferencia u obstrucción, apúntele al fildeador que cometió la interferencia u obstrucción un error, no importa cuántas bases el bateador, o corredor o corredores puedan haber avanzado.

Comentario: este es un punto controversial, quizás la única forma de saber a que infielder le correspondía cubrir la base sea hablando con los propios infielder o con el manager para conocer cada movimiento dependiendo de la situación de juego.

NOTA: No cargue un error si una obstrucción no cambia la jugada en opinión del anotador.

10.14 Ningún error se apuntará en los siguientes casos:

(a) No se le apuntará error al receptor cuando después de recibir el lanzamiento, él ejecute una mala tirada tratando de evitar una base robada, a menos que la mala tirada permita que el corredor que salió al robo avance una o más bases extras, o permita que cualquier otro corredor avance una o más bases.

(b) No se le apuntará error a cualquier fildeador que realice una mala tirada, sí a juicio del anotador, el corredor no habría sido puesto out con un esfuerzo ordinario por una buena tirada, a menos que dicha mala tirada permita que cualquier corredor avance más allá de la base que él habría alcanzado de no haber sido por la mala tirada.

(c) No se le apuntará error a cualquier fildeador cuando él realice una mala tirada en un intento de completar un doble play o un triple play, a menos que dicha mala tirada facilite el avance de cualquier corredor más allá de la base que él habría alcanzado de no haber sido por la mala tirada.

Comentario: el out hecho tapa el error si no hay avances posteriores.

NOTA: Cuando un fildeador deja escapar una bola tirada la cual, de haberse sostenido, habría completado un doble play o triple play, anótele un error al fildeador que dejó caer la bola y acredítele una asistencia al fildeador que hizo la tirada.

(d) No se le apuntará error a cualquier fildeador cuando, después de parar una bola de roletazo o dejar caer una bola de fly, una línea o una bola tirada, él recobra la bola con tiempo para poner out forzado a un corredor en cualquier base.

(e) No se le apuntará error a cualquier fildeador que permita que sin inconveniente alguno se le caiga un fly de foul con un corredor en tercera base con menos de dos outs, si a juicio del anotador, el fildeador deliberadamente rehusó cogerla para que el corredor de tercera no anotara después de cogerla.

Comentario: con esto se evita un posible pisa y corre con el que habría anotado una carrera.

(f) A causa de que el lanzador y el receptor manejan mucho más la bola que otros fildeadores, ciertas malas jugadas sobre bolas lanzadas están definidas en la Regla 10.15 como wild pitch o un passed ball. No se apuntará error cuando un wild pitch o un passed ball sea anotado.

(1) No se apuntará error cuando al bateador se le conceda la primera base por cuatro bolas contadas o porque él fue golpeado por una bola lanzada, o cuando él llegue a primera base como resultado de un wild pitch o passed ball.

I) Cuando el tercer strike sea un wild pitch que le permite al bateador llegar a la primera base, anote un ponchado y un wild pitch.

II) Cuando el tercer strike es un passed ball, que permita al bateador llegar a primera base, anote un ponchado y un passed ball.

(2) No se apuntará error cuando un corredor o corredores avancen como resultado de un passed ball, un wild pitch o un balk.

Comentario: en este punto es importante resaltar que aunque no se anote el error la carrera es sucia si por un passed ball se anota una carrera.

I) Cuando la cuarta bola cantada es un wild pitch o un passed ball, y como resultado (a) el bateador-corredor avanza a una base más allá de la primera base; (b) cualquier corredor forzado a avanzar por la base por bolas avanza más de una base, o (c) cualquier corredor, que no está forzado a avanzar, avanza una o más bases, anote la base por bolas, y también el wild pitch o passed ball, según el caso pueda ser.

Comentario: el mismo comentario anterior.

II) Cuando el receptor recobre la bola después de un wild pitch o passed ball sobre el tercer strike, y ponga out en tiro al bateador-corredor en primera base o toque al bateador-corredor, pero otro corredor o corredores avancen, anote ponchado, el out realizado y las asistencias, si hay alguna, y acredite el avance del otro corredor o corredores como haber sido hecho en la jugada.

WILD PITCHES – PASSED BALLS

10.15 (a) Un wild pitch se apuntará cuando una bola legalmente lanzada es tan alta, o tan abierta, o tan baja, que el receptor no puede detener y controlar la bola con un esfuerzo ordinario, y de ese modo permita el avance a un corredor o corredores.

Comentario: se queda corta la regla, para incurrir en wild pitch o passed ball es necesario que hayan corredores en las bases.

(1) Un wild pitch se apuntará cuando una bola legalmente lanzada toque el tereno antes de llegar al home y no sea manipulada por el receptor, permitiendo el avance de un corredor o corredores.

(b) Al receptor se le apuntará un passed ball cuando él deje de retener o controlar una bola legalmente lanzada la cual pudo haber sido retenida o controlada con un esfuerzo ordinario, y de ese modo permita el avance de un corredor o corredores.

BASES POR BOLAS

10.16 (a) Se anota una base por bolas siempre que a un bateador se le conceda la primera base, debido a haber recibido cuatro bolas fuera de la zona de strike, pero en el caso de que la cuarta bola toque al bateador se anota como "bateador golpeado". Cuando esté envuelto más de un bateador en el otorgamiento de una base por bolas, hay que referirse a la Regla 10.18 (h).

(b) Una base por bolas intencional será anotada cuando el lanzador no haga ningún intento de lanzar el último lanzamiento al bateador dentro de la zona de strike, sino que deliberadamente lanza la bola abierta por fuera del cajón del receptor.

(1) Si un bateador que recibió una base por bolas es declarado out debido por rehusar avanzar a primera base, no acredite una base por bolas. Apúntele una vez al bate.

Comentario: la regla se queda corta en la anotación de nuevo, se anota out 2 al bateador.

PONCHADOS

10.17 (a) Un ponchado se anotará cuando:

(1) Un bateador es puesto out en un tercer strike cogido por el receptor;

(2) Un bateador es puesto out en un tercer strike que no ha sido cogido cuando hay un corredor en primera base con menos de dos outs;

(3) Un bateador se convierte en corredor a causa de que el tercer strike no ha sido cogido;

(4) Un bateador toca la bola de foul sobre el tercer strike. **EXCEPCION**: Si dicho toque de bola sobre el tercer strike resulta un fly de foul cogido por cualquier fildeador, no anote un ponchado. Acredítele al fildeador que cogió dicho fly de foul un out realizado.

(b) Cuando el bateador sale del juego con dos strikes en su contra, y el bateador sustituto completa el ponchado, apúntele el ponchado y la vez al bate al primer bateador. Si el bateador sustituto completa la vez al bate de cualquier otra forma, incluyendo una base por bolas, anote la acción como habiendo sido realizada por el bateador sustituto.

CARRERAS LIMPIAS

10.18 Una carrera limpia es una carrera por la cual se responsabiliza al lanzador. Para determinar las carreras limpias, la entrada deberá ser reconstruida sin errores (el cual incluye una interferencia del receptor) y los passed ball, y el beneficio de la duda siempre debe dársele al lanzador para determinar qué bases habrían alcanzado en una jugada sin errores. Para el propósito de determinar las carreras limpias, una base por bolas intencional, sin tener en cuenta las circunstancias, será interpretada exactamente de la misma manera como cualquier otra base por bola.

Comentario: todas las carreras deben hacerse en el supuesto de que nunca se completan los tres outs con los errores cometidos, si los hay, porque la regla parece decir que sólo sin errores se pueden hacer carreras limpias cuando existen situaciones en las que batazos posteriores pueden limpiar carreras que en principio se considerarían sucias. El caso de la interferencia defensiva que se anota como error, pero no siempre ensucia las carreras, en otro buen caso de excepciones a este aparte.

(a) Una carrera limpia se le apuntará cada vez que un corredor llegue a home por la ayuda de un hit indiscutible, toque de bola de sacrificio, un fly de sacrificio, bases robadas, outs realizados, fielder's choices, bases por bolas, bateadores golpeados por lanzamientos, balks, o wild pitches (incluyendo wild pitch sobre el tercer strike el cual permita a un bateador llegar a primera base) antes que hayan sido proporcionadas todas las probabilidades de fildeo para retirar al equipo de la ofensiva. Para el propósito de esta regla, una penalidad de interferencia defensiva se interpretará como una probabilidad de fildeo.

(1) Un wild pitch es únicamente una falta del lanzador y contribuye a una carrera limpia exactamente como una base por bolas o un balk.

(b) Ninguna carrera será limpia cuando sea anotada por un corredor que llegue a primera base (1) por un hit o de otro modo, después de que su turno al bate ha sido prolongado por un fly de foul que sea dejado caer; (2) a causa de interferencia u obstrucción o (3) a causa de cualquier error de fildeo.

(c) Ninguna carrera será limpia cuando sea anotada por un corredor cuya vida se prolongó por un error, si dicho corredor pudo haber sido puesto out en una jugada sin error

(d) Ninguna carrera será limpia cuando el avance del corredor ha sido ayudado por error, un passed ball, o una interferencia defensiva u obstrucción, si a juicio del anotador esa carrera no podía haber anotado sin la ayuda de dicha mala jugada.

(e) En un error del lanzador se aplica el mismo procedimiento que un error de cualquier otro fildeador al calcular las carreras limpias.

(f) Cuando ocurre un error de fildeo, al lanzador se le dará el beneficio de la duda al determinar a qué base habrían avanzado cualquiera de los corredores, si el fildeo del equipo a la defensiva hubiera sido sin error.

(g) Cuando los lanzadores se cambian durante una entrada, al lanzador relevo no se le apuntará cualquier carrera (sea limpia o sucia) anotada por un corredor que estaba en base en el momento en que él entró en el juego, ni las carreras anotadas por cualquier corredor que llegó a una base en un fielder's choice en el cual se puso out a un corredor dejado en base por el lanzador precedente.

NOTA: La intención de esta regla es apuntarle a cada lanzador el número de corredores que él ponga en base, más bien que el número de corredores en particular. Cuando un lanzador ponga corredores en base, y es relevado, se le apuntarán todas las carreras que posteriormente anoten incluyendo el número de corredores que dejó en base cuando salió del juego, a menos que dichos corredores sean puestos out sin la acción del bateador, por ejemplo, cogidos robando, sorprendido fuera de la base, o declarado out por interferencia cuando el bateador-corredor no alcanza la primera base en la jugada. **EXCEPCION: Vea ejemplo 7.**

EJEMPLO: (1) Lima da bases por bolas a Menéndez y es relevado por el Avilés. Rondón es out en roletazo enviado a segunda a

Menéndez. De Jesús es out en fly. Alvarez conecta un hit, anotando a Menéndez. Apúntele una carrera al Lima.

(2) Lima le da la base por bolas a Menéndez y es relevado por Avilés. Rondón fuerza en segunda a Menéndez. De Jesús es out en roletazo enviando a segunda a Rondón. Alvarez conecta un hit, anotando Rondón. Apúntele una carrera a Lima.

(3) Lima le da la base por bolas al Menéndez y es relevado por Avilés. Rondón conecta hit enviando a tercera a Menéndez. De Jesús conecta un roletazo por el campo corto, y el Menéndez es out en home, Rondón va a segunda. Alvarez es out en fly. Mena conecta hit, anotando Rondón. Apúntele una carrera al Lima.

(4) Lima le da la base por bolas a Menéndez y es relevado por Avilés. Rondón recibe la base por bolas. De Jesús es out en fly. Menéndez es sorprendido fuera de segunda base. Alvarez conecta un doble, anotando Rondón desde primera base. Apúntele una carrera a Avilés.

(5) Lima le da la base por bolas a Menéndez y es relevado por Avilés. Avilés le da la base por bolas a Rondón y es relevado por Mejías. De Jesús fuerza en tercera base a Menéndez. Alvarez fuerza en tercera base a Rondón. Mena conecta un cuadrangular, anotando tres carreras. Apúntele una carrera al Lima; una carrera a Avilés y una carrera a Mejías.

(6) Lima le da la base por bolas a Menéndez y es relevado por Avilés. Avilés le da la base por bolas a Rondón. De Jesús conecta un hit, llenando las bases. Alvarez fuerza en home a Menéndez. El jugador Mena conecta hit anotando Rondón y De Jesús. Apúntele una carrera a Lima y una carrera a Avilés.

(7) Lima le da la base por bolas a Menéndez y es relevado por Avilés. Avilés permite que Rondón conecte un hit, pero Menéndez es out tratando de llegar a tercera base. Rondón llega a segunda base en tiro. De Jesús conecta un hit, anotando Rondón. Cárguele una carrera a Avilés.

187

(h) Un lanzador relevo no será responsable cuando el primer bateador a quien él le lanza llega a primera base por cuatro bolas cantadas si dicho bateador tiene una determinada ventaja en la cuenta de bolas y strikes cuando los lanzadores son cambiados.

(1) Si, cuando los lanzadores son cambiados, el conteo es:

- 2 bolas, y ningún strike,
- 2 bolas, y 1 strike,
- 3 bolas, y ningún strike,
- 3 bolas, 1 strike,
- 3 bolas, 2 strikes,

y el bateador obtiene una base por bolas, apúntele ese bateador y la base por bolas al lanzador precedente y no al lanzador de relevo.

(2) Cualquier otra acción de dicho bateador, tales como alcanzar una base por hit, un error, un fielder's choice, un out forzado, o golpeado por una bola lanzada, será la causa para que dicho bateador se le apunte al lanzador de relevo.

NOTA: Los requisitos de la 10.18. (h) (2) no se consideran que afectan o estén en conflicto con las disposiciones de 10.18. (g)

(3) Si, cuando los lanzadores son cambiados, la cuenta es:

- 2 bolas, 2 strikes,
- 1 bola, 2 strikes,
- 1 bola, 1 strike,
- 1 bola, y ningún strike,
- ninguna bola, 2 strikes,
- ninguna bola, 1 strike,

apúntele ese bateador y su acción al lanzador de relevo.

(i) Cuando los lanzadores se cambian durante una entrada, el lanzador de relevo no tendrá el beneficio previo, de probabilidades por outs no aceptados, al determinarse las carreras limpias.

NOTA: La intención de esta regla es cargar a los lanzadores de relevo con las carreras limpias por las cuales son ellos solamente responsables. En algunos momentos, las carreras cargadas como limpias contra el lanzador de relevo podrán ser cargadas como sucias contra el equipo.

Comentarios: en esta norma se beneficia a los relevistas, lo cuales siempre llevan las de ganar a pesar de sus actuaciones no sean del todo buenas.

EJEMPLOS: (1) Con dos out, Avilés le da la base por bolas al jugador Menéndez. El jugador Mena alcanza la primera base por un error. Lima releva a Avilés. Rond conecta un cuadrangular, anotando tres carreras. Cárguesele dos carreras inmerecidas a Avilés. Una carrera limpia a Lima.

(2) Con dos out, el Avilés le da la base por bolas a Menéndez y Mena, y es relevado por Lima. Rondón alcanza la primera base por error. Mizrahi conecta un cuadrangular, anotando cuatro carreras. Cárguese dos carreras inmerecidas a Avilés. Dos carreras inmerecidas a Lima.

(3) Con ningún out, Avilés le da la base por bolas al jugador Menéndez. El jugador Mena alcanza la primera base por error. Lima releva a Avilés. Rondón conecta un cuadrangular, anotando tres carreras. Mizrahi y Matos son ponchados. De Jesús alcanza la primera base por un error. Alvarez conecta un cuadrangular anotando dos carreras. Cárguesele dos carreras, una limpia a Avilés. Cárguesele tres carreras, una limpia a Lima.

LANZADOR GANADOR Y PERDEDOR

10.19 (a) Acredite al lanzador abridor un juego ganado si él ha lanzado por lo menos cinco entradas completas y su equipo no sólo está con ventaja cuando él es reemplazado, sino que mantiene la ventaja en el resto del juego.

Comentario: se considera que el abridor solo obtiene el triunfo si ha lanzado para un juego legal, consideración que no aplica para ningún otro lanzador que le siga en la acción así el abridor

no haya sacado ningún out en su trabajo. **No estoy de acuerdo con este aparte porque muchas veces se otorga el juego ganado a relevistas sin que estos hayan hecho ni un solo lanzamiento, mientras que al abridor se le exige lanzar para el juego legal.**

(b) La regla de que "debe lanzar cinco entradas completas" con respecto al lanzador abridor estará en vigor para todos los juegos de 6 o más entradas. En un juego de cinco entradas, acredite al lanzador abridor un juego ganado únicamente si él ha lanzado por lo menos cuatro entradas completas y su equipo no solamente tiene ventaja cuando él es reemplazado, sino que mantiene la ventaja en el resto del juego.

(c) Cuando al lanzador abridor no se le puede acreditar la victoria a causa de los requisitos de la 10.19. (a) o (b) y se usa más de un lanzador de relevo, la victoria será adjudicada sobre las siguientes bases:

(1) Cuando, durante la estancia del lanzador abridor, el equipo ganador toma la ventaja y la mantiene hasta el final del juego, acredítele la victoria al lanzador de relevo que decida el anotador que ha sido más efectivo.

Comentario: esto es totalmente absurdo, puesto que no es sensato dejar en manos del anotador, cuando si en lugar del abridor que lanzó menos de 5 entradas, fuese un relevista que lanzó un tercio de entrada, se le adjudicaría la victoria.

(2) Cuando la anotación está empatada, el juego se convierte en un nuevo juego en lo que concierne a decidir el lanzador ganador y perdedor.

(3) Una vez que el equipo contrario toma la ventaja, todos los lanzadores que han lanzado hasta ese momento están excluidos de ser acreditados con la victoria, excepto que si el lanzador contra cuyos lanzamientos el equipo contrario obtuvo la ventaja continúa lanzando hasta que su equipo recobre la ventaja la cual se mantiene hasta el final del juego, ese lanzador será el ganador.

(4) El lanzador ganador de relevo será aquel que sea el lanzador oficial cuando su equipo toma la ventaja y la mantiene hasta el final del juego. **EXCEPCION:** No acredite una victoria al lanzador de relevo que sea inefectivo en una aparición breve, cuando un lanzador de relevo subsiguiente lanza con efectividad y ayuda a mantener la ventaja de su equipo. En tales casos acredítele al lanzador de relevo subsiguiente la victoria.

Comentario: esto es menos sensato aún puesto que para tomar esta decisión abría que definir lo que es inefectivo, para estandarizar los criterios, los relevistas obtienen la victoria sin importar su labor, solo con ser el lanzador que está en la alineación al momento de que su equipo obtenga la ventaja para ganar el partido.

(d) Cuando un lanzador es cambiado por un bateador sustituto o un corredor sustituto, todas las carreras anotadas por su equipo durante la entrada en la cual él fue sustituido, serán acreditadas a su beneficio al determinar el lanzador oficial cuando su equipo toma la ventaja.

Comentario: esto también aplica al abridor, según sea el caso.

(e) Sin tener en cuenta cuántas entradas ha lanzado el primer lanzador, se le apuntará la pérdida del juego si él es reemplazado cuando su equipo está debajo a causa de las carreras apuntadas a él después que fue reemplazado, y su equipo después de eso o bien deja de empatar la anotación o de obtener la ventaja.

(f) A ningún lanzador se le acredita haber lanzado un juego sin carreras a menos que él lance el juego completo, o a menos que él entre al juego con ningún out antes que el equipo contrario haya anotado en la primera entrada, retire al equipo contrario sin que le anoten carreras y lance todo el resto del juego. Cuando dos o más lanzadores se combinan para lanzar un juego de cero carreras, una nota a ese efecto debe ser incluida en los récords oficiales de la liga para lanzadores.

(g) En algunos juegos que no son de campeonatos (tal como los juegos de Grandes Ligas de Todos Estrellas) se estipula por adelantado que cada lanzador debe trabajar en un número establecido de entradas, usualmente dos o tres. En dichos juegos, es costumbre acreditar la victoria al lanzador oficial, ya sea abridor o de relevo, que está actuando, cuando el equipo ganador toma la ventaja la cual mantiene hasta el final del juego, a menos de que dicho lanzador sea vapuleado después de que el equipo ganador tenga una ventaja amplia, y el anotador crea que el siguiente lanzador tiene derecho al crédito de la victoria.

SALVADOS PARA LANZADORES RELEVO

10.20 Acredítele a un lanzador un juego salvado cuando él reúna las tres condiciones siguientes:

(1) Él sea el lanzador que termina un juego ganado por su equipo; y

(2) Él no sea el lanzador ganador; y

(3) Él califique bajo una de las siguientes condiciones:

(a) Él entre al juego con una ventaja de no más de tres carreras y lance por lo menos una entrada; o

(b) Él entre al juego, sin tener en cuenta el conteo, cuando la carrera potencial del empate se encuentre en base, o al bate, o sea el siguiente bateador en turno (es decir, que la carrera potencial del empate ya se encuentra en una de las bases o sea uno de los dos primeros bateadores a quien él se enfrente); o

(c) Él lance eficientemente por lo menos tres entradas.

No más de un juego salvado se acreditará en cada juego.

Comentario: los juegos salvados están tan bien codificados en esta regla que no existe lugar a dudas, pero la norma del Hold, con la que se pretende premiar con algún tipo de consideración a los relevistas intermedio. El Hold se anota al lanzador relevista que mantiene el partido ganado tal y como lo recibe durante su actuación.

ESTADISTICAS

10.21 El presidente de la liga designará un funcionario de estadísticas. El estadístico mantendrá un registro acumulativo de todos los récords de bateo, fildeo, corrido de bases y récords de lanzadores especificados en la 10.02, para cada jugador que aparezca en un juego de campeonato de la liga.

El estadístico preparará un reporte tabulado al final de la temporada, incluyendo todos los récords individuales y por equipos de cada juego de campeonato, y presentará este informe al presidente de la liga. Este reporte identificará a cada jugador por su primer nombre y apellido, e indicará en cada bateador si batea a la derecha, a la zurda o en ambas formas; en cuanto a cada fildeador y lanzador si tiran a la derecha o a la zurda.

Comentario: cada liga solicitará las tabulaciones con la regularidad que sea el caso y necesidad para mantener informados a los medios, jugadores y técnicos de la realidad de cada jugador.

Cuando un jugador que aparece en el listado del orden al bate al comienzo del juego por el equipo visitador es sustituido antes de que haya participado defensivamente, él recibirá crédito en las estadísticas defensivas (de fildeo), a menos que él realmente juegue esa posición durante un juego. Sin embargo, todos los jugadores mencionados serán acreditados con un juego jugado (en las estadísticas de bateo) siempre que sean anunciados dentro del juego o incluidos en los modelos oficiales del orden al bate.

Cualquier juego celebrado para decidir un empate al final del campeonato deben ser incluidos en los averages de la temporada.

PARA DETERMINAR LOS RÉCORDS DE PORCENTAJE

10.22 Para calcular:

(a) El porcentaje de juegos ganados y perdidos divida el número de juegos ganados, entre el total de juegos ganados y perdidos;

Formulación: porcentaje de juegos ganados = JG / (JG+JP)

(b) El promedio de bateo, divida el número total de hits (no el total de bases obtenidas con los hits) entre el total de veces al bate, como se define en 10.02 (a);

Formulación: promedio de bateo = H / VB

(c) El porcentaje de slugging, divida el número total de bases obtenidas en todos los hits conectados, entre el total de veces al bate, como se define en 10.02 (a);

Formulación: porcentaje de slugging = TB / VB

(d) El promedio de fildeo, divida el total de outs realizados y asistencias, entre el total de outs realizados, asistencias y errores;

Formulación: promedio de fildeo = O+A / O+A+E

(e) El promedio de carreras limpias del lanzador, multiplique el total de carreras limpias apuntadas en contra de sus lanzamientos por 9, y divida el resultado entre el número total de entradas que él ha lanzado;

Formulación: promedio de carreras limpias = 9+CL / innings lanzados

NOTA: El promedio de carreras limpias debe ser calculado en base al total de entradas lanzadas incluyendo las fracciones de entrada.

EJEMPLO: 9 1/3 de entradas lanzados y 3 carreras limpias es un promedio de 2,89 (3 carreras limpias por 9 dividido por 9 1/3 es igual a 2,89).

Comentario: el número 9 es una constante que se fija para campeonatos en los que se juegan 9 innings por juego, el 9 será sustituido si la liga tiene partidos fijados a menos de 9, tal y como las ligas infantiles.

(f) El porcentaje de embasado, divida el total de hits, todas las bases por bolas, y golpeado por el lanzamiento por el total de veces al bate, todas las bases por bolas, golpeado por el lanzamiento y flyes de sacrificio.

Formulación: porcentaje de embasado = H+BB+GP / VB+BB+GP+SF

NOTA: A fin de computar el porcentaje de base, no tome en cuenta la llegada a primera base por interferencia y obstrucción.

NORMAS MÍNIMAS PARA CAMPEONATOS INDIVIDUALES

10.23 Para asegurar la uniformidad en el establecimiento de los campeonatos de bateo, lanzadores y fildeo, de ligas profesionales, dichos campeonatos tendrán que ajustarse a las normas mínimas de actuación

(a) El campeón individual de bateo o de slugging será el jugador con el más alto promedio al bateo o de slugging, con tal que esté acreditado con un total de tantas o más comparencias al home en los juegos del campeonato de la liga como el número de juegos programados para cada equipo en dicha liga esa temporada, multiplicadas por 3,1 en el caso de un jugador que participe en una competencia que tenga una duración de 100 o más juegos, o multiplicado por 2,7 en el caso de un jugador que participe en un campeonato de menos de 100 juegos. **EXCEPCION:** Sin embargo, si hay algún jugador con menos del número requerido de comparencias al home cuyo promedio sería el más alto si le fuere cargado el número requerido de comparencias como veces oficiales al bate, entonces a ese jugador se le concederá el campeonato de bateo o campeonato de slugging.

Formulación: apariciones legales = VB+BB+GP+SH+SF+I+O

EJEMPLO: Si un programa de grandes ligas tiene 162 juegos para cada equipo, se requieren 502 comparencias al home (162 veces por 3,1 igual a 502). Si un programa de la liga de la Asociación Nacional tiene 140 juegos para cada equipo, se requieren 378 comparencias al home (140 veces por 2,7 igual a 378).

El total de comparencias al home incluirá las veces oficiales al bate, más las bases por bolas, las veces que ha sido golpeado por lanzamientos, toques de bolas de sacrificios, fly de sacrificios y veces que se le ha adjudicado la primera base a causa de interferencia u obstrucción.

(b) El campeón individual de los lanzadores será el lanzador con el promedio más bajo de carreras limpias, con tal que él haya lanzado por lo menos tantos entradas como número de juegos programados para cada equipo en su liga esa temporada. **EXCEPCION:** Sin embargo, los lanzadores de la liga de la Asociación Nacional requieren para adjudicarse el campeonato de lanzadores que posean el promedio más bajo de carreras limpias y habiendo lanzado por lo menos tantas entradas como el 80% del número de juegos programados para cada equipo en su liga esa temporada.

(c) Los campeones individuales de fildeo serán los fildeadores con el más alto promedio de fildeo en cada posición, con tal que:

(1) Si es un receptor, debe haber participado como receptor por lo menos en la mitad del número de juegos programados para cada equipo en su liga esa temporada;

(2) Si es un jugador de cuadro o jardinero, debe haber participado en su posición por lo menos en las dos terceras partes del número de juegos programados para cada equipo en su liga esa temporada;

(3) Si es un lanzador, debe haber lanzado por lo menos en tantas entradas como el número de juegos programados para cada equipo en su liga esa temporada. **EXCEPCION:** Si otro lanzador tiene un promedio de fildeo tan alto o más, y ha manipulado un total mayor de lances en menor número de entradas, él será el campeón de fildeo.

REGLA PARA EL CUMPLIMIENTO DE LOS RÉCORDS ACUMULATIVOS

10.24 (a) RECORDS DE HITS CONSECUTIVOS

El récord de hits consecutivos no será terminado si la comparencia en home termina en una base por bolas, golpeado el bateador, interferencia defensiva o toque de sacrificio. Un fly de sacrificio terminará el récord.

(b) RECORDS DE JUEGOS CONSECUTIVOS BATEANDO DE HIT

El récord de juegos consecutivos bateando de hit no será terminado si todas las comparecencias al home del jugador (una o más) terminan en una base por bolas, golpeado el bateador, interferencia defensiva o un toque de sacrificio. El récord terminará si el jugador batea un fly de sacrificio y no un hit.

La labor de un jugador bateando en juegos consecutivos de hit será determinado por los juegos consecutivos en el cual el jugador aparezca y no en los juegos celebrados por su equipo.

(c) RÉCORDS DE JUEGOS CONSECUTIVOS

El récord de juegos consecutivos se extenderá si el jugador juega una mitad de entrada a la defensiva, o si él completa una vez al bate alcanzando una base o siendo puesto out. Una comparencia como corredor sustituto solamente no prolongará el récord. Si un jugador es expulsado de un juego por un árbitro antes de que él pueda cumplir con los requisitos de esta regla, su récord continuará.

(d) JUEGOS SUSPENDIDOS

Para el propósito de esta regla, todos los cumplimientos para la terminación de un juego suspendido serán considerados como que ocurrieron en la fecha original del juego.

Made in the USA
Columbia, SC
02 September 2022

65753003R00109